中本 真人

宮廷の御神楽

―王朝びとの芸能―

新典社新書 68

はじめに

神楽《かぐら》というと、どのような芸能を思い浮かべられるでしょうか。

私の住む新潟市とその周辺地域をみても、さまざまな神楽が神社の行事として行われています。鈴や榊《さかき》、扇などを手にした男の子、女の子が、太鼓や笛の演奏に合わせて華やかに舞うもの。あるいは、大黒さまの仮面を着けた人が、打ち出の小槌《こづち》を振りつつこっけいな所作を行い、最後には参加の子供たちにお菓子を撒くもの。このお菓子を目当てに集まってくる子供もたくさんいます。いずれも神社に古くから伝わる神事として、あるいは地域社会の交流の場として、毎年の神楽は大切に守られてきました。

神社の年中行事だけでなく、特別祈禱や神前結婚式においても神楽の行われる場合があります。その場合は、巫女が神前で優美な舞を披露することが多いようです。また神楽には、一般によく知られる獅子舞も含まれます。子供の健やかな成長や無病息災・家内安全を願って、獅子頭に頭を噛んでもらった経験を持つ人も多いでしょう。このように神楽は、日本人の暮らしと文化に深く根付いた神事芸能の一つだといえるのではないでしょうか。
さて、神楽が日本人にとって非常に身近な芸能である一方で、神楽を専門とする研究者にとって一番答えるのが難しい質問は、

神楽とは何か？

というシンプルな疑問です。その一番の理由は、全国的にみても、あるいは歴史的にみても神楽が多種多様であることです。現代の神楽に限っても、非常に数が多い。また神楽ごとに定められている舞や音楽、あるいは演じ手の装束や持ち物、仮面の有無と種類などは、ある程度の地域性は認められる一方で、すべてに当てはまるような共通点を示すことは難しいように感じます。さらに「神楽」という名称ではないものの、よく似た芸能も各地に数多く存在しているなど、その線引きは簡単ではありません。

また神楽を披露する人についても、男女の違い、年齢の違い、あるいは地域社会における立場など、一つの枠組みに収めることは極めて難しい。この神楽の担い手については、古くから続く決まりごとを守っている地域も珍しくありませんが、近年は少子高齢化の影響を受けて維持が困難となり、禁制を解くという苦渋の決断を迫られた地域も増えているようです。この数十年に限っても、その内容に変化の生じている神楽は少なくありません。

このような細かな違いも見逃さずに比較していくと「果たして神楽とは何なのか?」、「何の目的で行われるものなのか?」と、かえって疑問が深まっていくのではないでしょうか。私たちが神楽と聞いて思い描く姿は、実は自分の見知っている一つ二つの例に過ぎません。ほかの地域の神楽をいろいろと参観すると、こんな芸能まで神楽と呼ばれるのかと驚かれるのではないでしょうか。それくらいに神楽の幅は広く、かつ奥が深いのです。

神楽は、遅くとも奈良時代から平安時代に移る時期には行われていたようです。朝廷の公式歴史書である六国史《りっこくし》に「神楽」という芸能が初めて登場するのは、九世紀後半です(『日本三代実録《にほんさんだいじつろく》』仁和《にんな》元年(八八五)十月二十三日条)。それ以後、天皇と貴族の宮廷社会では、神楽は盛んに奏されています。このような神楽は「宮廷の御神楽《みかぐら》」と呼ばれています。

本書は、この宮廷の御神楽について、平安時代の文献に基づきながら、歴史的事実に即して具体的に描いてみようとするものです。当時の貴族の日記や儀礼をまとめた書物には、御神楽に関する記録や記事が多く残されています。また広く知られている平安時代の古典文学の中にも、御神楽に関する記述は少なくなく、王朝びとにとって身近な宮廷芸能・年中行事の一つであったことがうかがえます。宮廷の御神楽がどのような芸能であったのかを知ることは、平安時代の貴族文化を考える上でも大切な視点ではないでしょうか。

今日各地にみられる神楽のルーツは、宮廷の御神楽であるといわれることが多いようです。しかし平安時代の宮廷の御神楽を事実に即して理解しない限り、現代の各地の神楽との影響関係を説明することもできないはずです。おそらく平安時代の御神楽は、現代の神楽とすぐに関連づけられるような芸能ではないでしょう。神楽に限らず、芸能は直接的にルーツや影響関係を論じられるような性格のものではありません。当然、千年以上も前の芸能が（全部、一部を問わず）形を変えずに現代に残っているということもありえません。

御神楽（下御霊《しもごりょう》神社　前夕神事）

京都市の下御霊神社では、毎年８月17日の夜に御神楽が行われる。この御神楽は、人長《にんじょう》が登場し、楽人が神楽歌を歌う「宮廷の御神楽」の形式に従った内容である。現在「宮廷の御神楽」の形式の御神楽を行っているのは、この下御霊神社の外に、石清水八幡宮や鶴岡八幡宮などの数社に限られている。（著者撮影）

芸能に対する理解は、最初から全体を網羅的に、あるいは直線的に把握しようとするのではなく、すべての事象を個別的に、具体的に整理するところから始めなければなりません。

本書は、平安時代の宮廷の御神楽という儀礼を通して、歴史の教科書ではほとんど語られることのない天皇と貴族の暮らしの一面に触れるとともに、王朝びとと芸能との関わりについても紹介したいと思っています。

目　次

Ⅱ　御神楽と神楽歌

Ⅲ　年中行事の中の御神楽

Ⅳ 御神楽をめぐる人々

Ⅴ 堀河天皇と御神楽

Ⅰ　天皇即位の儀礼

平安時代中期以降、天皇即位の儀礼である大嘗会《だいじょうえ》の三日目の夜、清暑堂《せいしょどう》御神楽が行われました。鳥羽天皇の清暑堂御神楽では、摂政を含む貴族たちが楽器を演奏し、神楽歌《かぐらうた》と呼ばれる歌謡を歌いました。王朝びとの御神楽とはどのような儀礼であったのでしょうか。また御神楽の開催のために、どのような準備を貴族たちは必要としたのでしょうか。貴族の書いた日記を読みながら、清暑堂御神楽に関わった人々の動向をみていきましょう。

鳥羽天皇の大嘗会

天仁《てんにん》元年（一一〇八）十一月、鳥羽天皇の大嘗会《だいじょうえ》が行われました。大嘗会（大嘗祭）は、天皇一代一度の大祭で、天皇即位の儀礼の一つです。原則として、その天皇の最初の新嘗祭《にいなめさい》（天皇が神に新穀を捧げ、自身も食する儀式）に行われました。この大嘗会にあたっては、大嘗宮《だいじょうぐう》が臨時に造営されて、悠紀《ゆき》殿・主基《すき》殿が建てられます。そして十一月下卯《しもう》の日（卯日が十一月に三回あるときは中卯《なかう》の日）から辰《たつ》・巳《み》・午《うま》の四日間にわたって、さまざまな祭祀・芸能が行われました。新天皇は、殿の内外で行われる祭儀を経験することによって、天皇の資格を身につけたと認められるのです。

その大嘗会の儀礼の一つに御神楽がありました。四日間にわたる大嘗会の三日目の巳日の夜、豊楽院《ぶらくいん》後房（清暑堂《せいしょどう》）において行われるのが、清暑堂御神楽でした。そもそも豊楽院とは、朝堂院《ちょうどういん》の西隣にあって、主に国家的な饗宴の行われた施設です。大嘗会のほかに、射礼《じゃらい》・競馬《くらべうま》・相撲《すまい》などの行事が豊楽院にて行われました。清暑堂は、豊楽院の正殿である豊楽殿と渡廊でつながっていて、もともとは天皇が出御する際の控えの間として使用される建物でした。

鳥羽天皇は、康和《こうわ》五年（一一〇三）正月に堀河天皇の長男として誕生し、嘉承《かしょう》二年（一一〇七）七月十九日に五歳で即位しました。父帝の崩御にともなうものでしたが、まだ五歳の天皇に政治をみる能力はありません。幼少の天皇のときは、かつては藤原氏の摂政が政務を代行しましたが、当時は摂関家の影響力が低下しており、祖父の白河院が幼い天皇に代わって政務を執るようになります。この幼帝の即位によって、白河院の院政は本格化していきました。

鳥羽天皇の清暑堂御神楽

鳥羽天皇の清暑堂御神楽は、十一月二十三日の夜に催されました。実は、清暑堂を含む

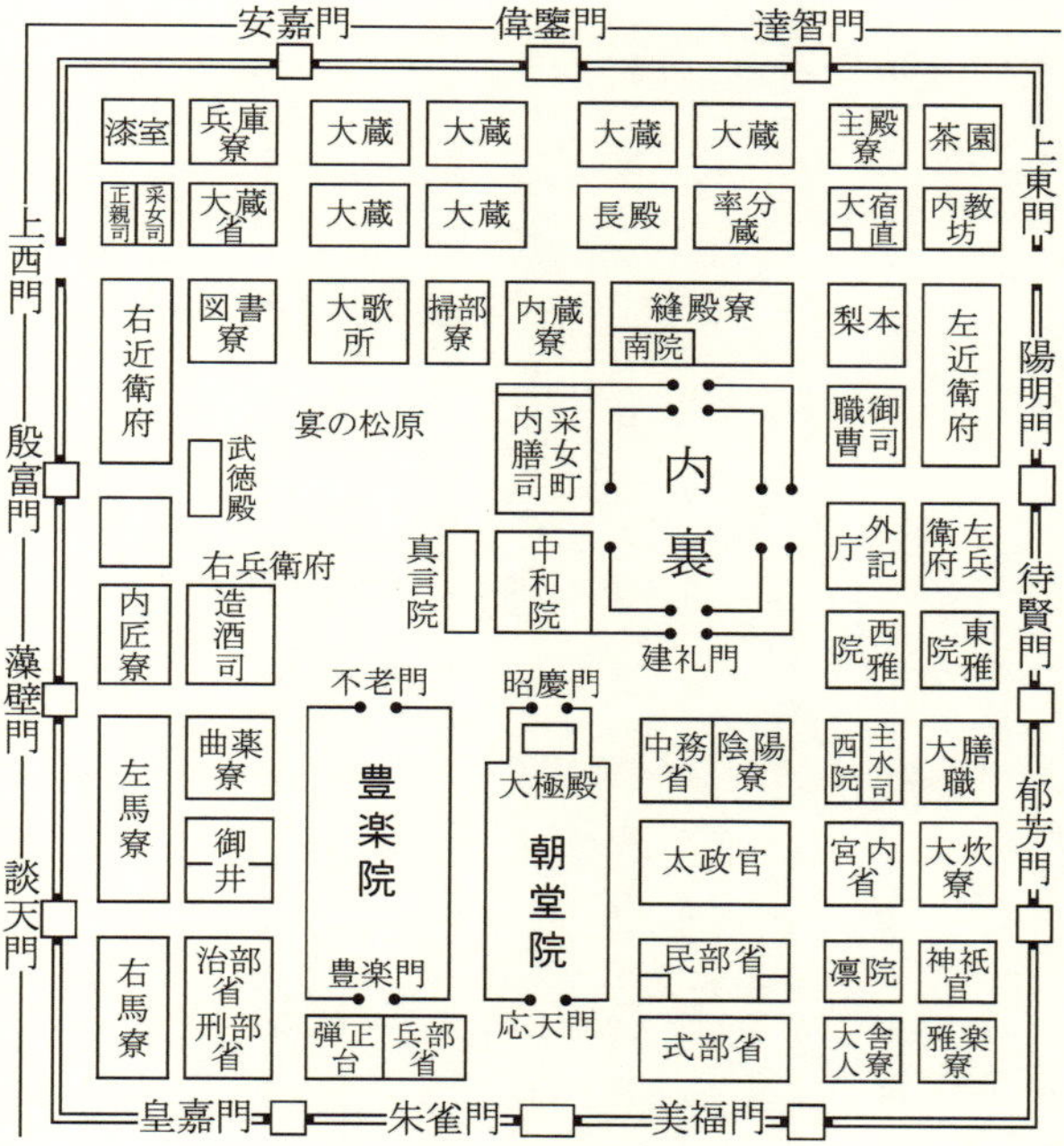

大内裏　略図

清暑堂《せいしょどう》の含まれる豊楽院《ぶらくいん》は、数度にわたって倒壊・炎上し、そのたびに再建されたが、康平６年（1063）の焼失後は再建されなかったらしい。清暑堂御神楽は、朝堂院《ちょうどういん》内の小安殿《こあどの》で行われるようになったが、その小安殿も、治承元年（1177）の火災後に廃絶した。

豊楽院は康平《こうへい》六年（一〇六三）に焼失しています。その後は再建されなかったことから、この時期の清暑堂御神楽は朝堂院の大極殿の背後に建つ小安殿《こあどの》南廊にて行われています。ただし場所を小安殿に移しても「清暑堂御神楽」という名称は残されました。

天皇の即位の儀礼にあたっては、多くの貴族と役人が儀礼や芸能に動員されました。後述するように、天皇の即位の儀礼に参加することは、当時の貴族にとって大きな負担を強いるものでしたが、一方では大変な名誉ともされていたようです。どの役割を誰が務めるのかということは、時の実力者の意向によって決められました。藤原道長や頼通の時代は、摂政や関白に事実上の決定権がありましたが、院政期に入ると、院の意向によって人事が左右されるようになります。この鳥羽天皇の清暑堂御神楽では、白河院の意向によって役割分担が決められています。

鳥羽天皇の清暑堂御神楽では、次のように召人《めしうど》（御神楽のために召された人）が定められました。

本拍子《もとびょうし》：藤原宗通《むねみち》　末拍子《すえびょうし》：藤原宗忠《むねただ》　和琴《わごん》：藤原伊通《これみち》
笛：藤原信通《のぶみち》　篳篥《ひちりき》：藤原経忠《つねただ》

この五名が、楽器を演奏する者となります。これに摂政の藤原忠実《ただざね》を初めとして、藤原家《いえ》忠《ただ》、源基綱《もとつな》、藤原忠教《ただのり》、藤原忠通《ただみち》、藤原経実《つねざね》、藤原能実《よしざね》、源雅定《まささだ》、藤原宗能《むねよし》の九人も付歌《つけうた》として参加し、計十四人の貴族が清暑堂御神楽に奉仕しました。のちほど詳しく説明したいと思いますが、ほかの宮廷の御神楽には、人長《にんじょう》と呼ばれる舞人《まいびと》が一人参加します。しかし、清暑堂御神楽のみは、人長がなく、楽器を演奏しながら神楽歌と呼ばれる歌謡が歌われるばかりでした。

『讃岐典侍日記』に記された御神楽

天仁元年十一月二十三日の清暑堂御神楽は、古記録に詳細が残されているだけでなく、

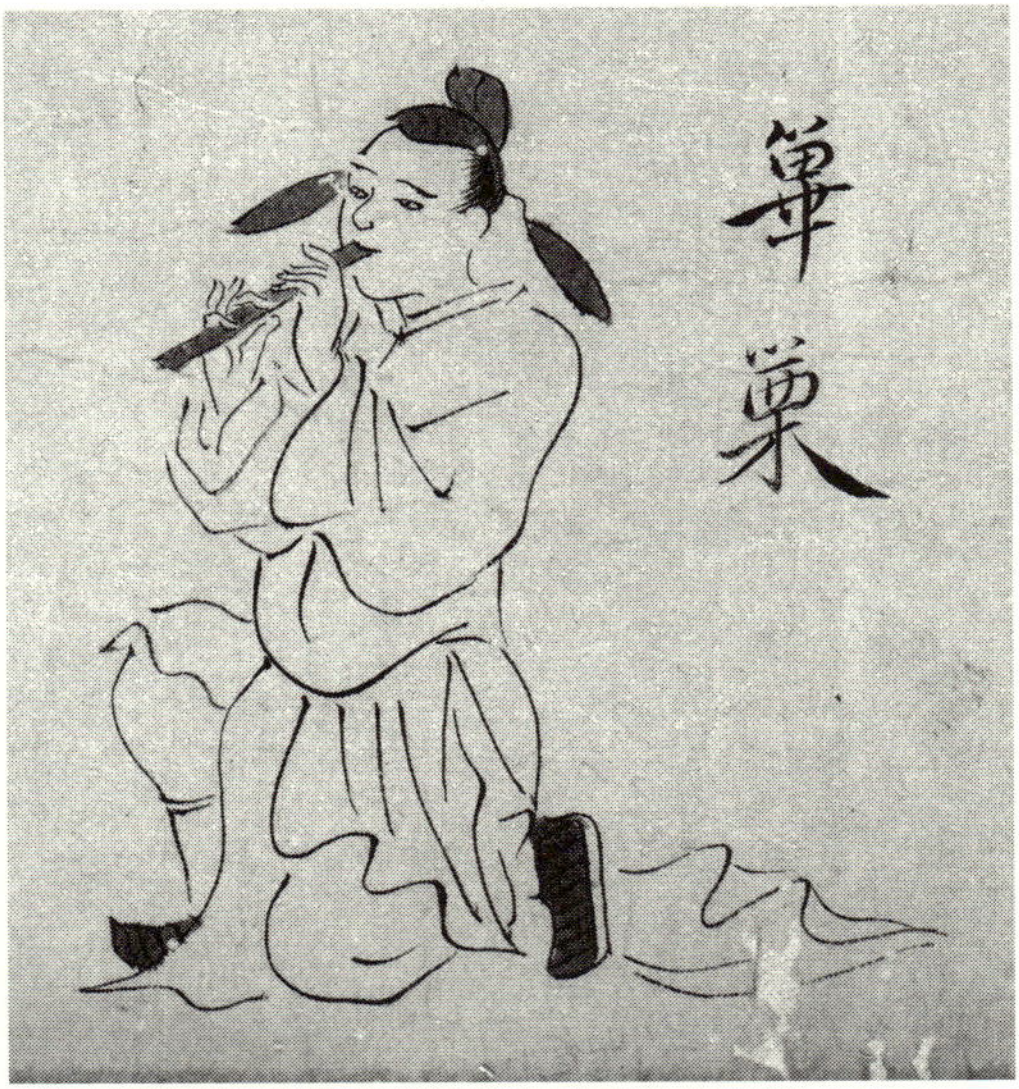

篳篥（『信西古楽図』国立国会図書館蔵）
竹製の管《かん》に蘆で作った舌《ぜつ》を挿し込んで吹く楽器

平安時代を代表する日記文学の一つである『讃岐典侍日記《さぬきのすけ》』にも、その様子が詳しく書き残されています。

清暑堂御神楽の夜になったが、この御神楽の様子は内侍所《ないしどころ》御神楽に異なるところがない。こちらの方が、いま少し現代風にみえる。みな召人たちは小忌衣《おみごろも》の装束で、赤ひもをかけ、日蔭《ひかげ》の鬘（冠の笄《こうがい》の左右に結んで垂れ下げた組糸）などは、優雅にみえるものの、飾りとして冠に付ける花の有様をみると、臨時祭《りんじさい》をみているような気持ちになってくる。（中略）こうして、御神楽が始まると、本拍子・末拍子の音がとても大きく、高いところに響き合う声は、御神楽をよく聞き知らない私の耳にも素晴らしく思われる。御神楽が、次第に終わりに近づいていくように聞こえる。「千歳《せんざい》、千歳、万歳《ばんざい》、万歳」と歌われるのは、天照大御神《あまてらすおおみかみ》が岩戸にお籠りになられなくなったのももっともなことと思われる。

（『讃岐典侍日記』現代語訳）

讃岐典侍こと藤原長子は、堀河天皇に仕えた典侍の一人でした。天皇の最期を看取ったあとはしばらく宮仕えを退いたものの、白河院の強い要請によって再び幼い鳥羽天皇に仕えるようになります。『讃岐典侍日記』には、清暑堂御神楽には典侍二人が参列する先例があり、長子は白河院の命によって参列することになったと記されています。そのおかげで、女性の筆による清暑堂御神楽の詳しい描写が残されました。

長子の記したところによると、清暑堂御神楽の様子は内侍所御神楽と異なるところがなく、また一方で、臨時祭をみているような気持ちになったとあります。宮廷の御神楽は、男性のみによる芸能でした。清暑堂御神楽の貴族たちは、大嘗会の儀礼の装束で参列し、それぞれ楽器を演奏したり、神楽歌を歌ったりしたのです。場所は、すでに述べたように、小安殿の屋内でした。夜に行われる清暑堂御神楽は、今日とは異なり、室内といっても照明はずっと弱かったでしょう。うすぼんやりとした屋内に、貴族たちの発する歌声と楽器の音の響き渡った様子が想像されます。「千歳、千歳、万歳、万歳」は「千歳法《せんざいのほう》」という神楽歌の歌詞の一部です。いまとなっては、当時の歌声に触れることはできませんが、この『讃岐典侍日記』の一文は、当時の清暑堂御神楽の雰囲気をよく伝えているのではないでしょうか。

中御門家と芸能

清暑堂御神楽の楽器の中で、あまり耳慣れないのは「本拍子」・「末拍子」ではないでしょうか。そもそも「拍子」とは、笏拍子《しゃくびょうし》という拍子木のような二本の太い棒を打ち鳴らしながら、歌謡を歌う楽人のことをいいます。宮廷の御神楽においては、神楽歌の本歌《もとうた》を主に歌う本拍子と、末歌《すえうた》を歌う末拍子の二人を必要としました。

鳥羽天皇の清暑堂御神楽の末拍子に選ばれた藤原宗忠は『中右記《ちゅうゆうき》』という有名な日記を残しています。『中右記』は、院政期の貴族社会を研究する際に欠かせない文献史料であると同時に、この鳥羽天皇の大嘗会についても詳しく書き記しているなど、儀礼研究の基礎的な資料としても広く利用されています。特に『中右記』の記事は、当日の次第だけでなく、当日に至るまでの様々な活動も詳しく記している点が貴重です。

中御門家《なかみかどけ》略系図

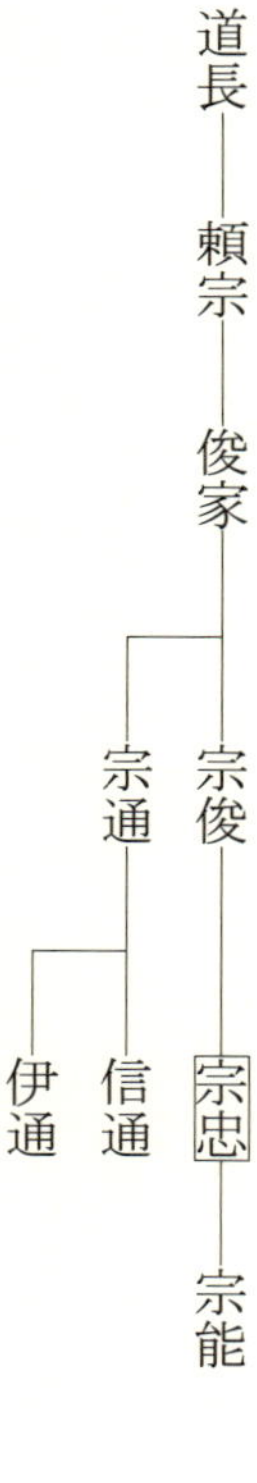

藤原宗忠は、院政期の貴族で、右大臣まで昇進して出家しました。曽祖父の頼宗《よりむね》は、道長の次男でしたが、嫡室源倫子《りんし》の腹である頼通・教通らとは異なり、側室源明子《めいし》（左大臣源高明の娘）の腹であったことから、摂政・関白に就くことはかないませんでした。母親の出自が子の栄達に絶対的な影響を与えた時代です。その一方で頼宗は、歌人として声望が高かったほか、歌舞音曲の才能に優れていたことが知られており、後朱雀天皇と後冷泉天皇の清暑堂御神楽では本拍子をとっています。さらに頼宗の子の俊家《としいえ》も、後三条天皇と

藤原宗忠（『天子摂関御影』三の丸尚蔵館蔵）

藤原宗忠は、歌舞音曲とともに典礼故実に精通していたことから、白河院や堀河天皇の信任を得た。保延２年（1136）に右大臣に進み、同４年（1138）に出家した。永治元年（1141）に80歳で没する。

白河天皇の清暑堂御神楽で本拍子をとるなど、歌舞音曲の才能は子孫にも受け継がれていきました。頼宗に始まるこの家系は「中御門家」と称します。中御門家は、道長に連なる名門であると同時に、歌舞音曲に秀でた芸能の家としても知られていました。

鳥羽天皇の清暑堂御神楽において、宗忠と一緒に本拍子をとる宗通は、宗忠の叔父にあたりました。また笛の信通（宗通の子）、和琴の伊通（宗通の子、信通の弟）、さらに付歌の宗能（宗忠の子）も奉仕しているなど、歌舞音曲に秀でた頼宗の子孫から五人も召人が選ばれているのです。このうち本拍子の宗通は白河院の信を得たことで知られますが、あるいはこの清暑堂御神楽の人選もその影響によるものかもしれません。

清暑堂御神楽に奉仕する藤原宗忠

『讃岐典侍日記』に記されるように、鳥羽天皇の清暑堂御神楽は、当時の人々の目にも素晴らしい儀礼として映ったようでした。宗忠ら当時の音楽の名手が揃えられたことにより、とても質の高い演奏が行われたのだろうと想像されます。一方、どのような芸能について もいえることですが、その日のみ参加して終わることは考えられません。事前に入念な打ち合わせと稽古を重ねることが不可欠となります。今日各地にみられる神楽についても、日ごろの稽古だけではなく、祭礼の日が近づくと、集中的に稽古の行われる地域が多いのではないでしょうか。その点は王朝びとも変わらなかったのです。

そもそも宗忠は、前回の堀河天皇の清暑堂御神楽（寛治《かんじ》元年（一〇八七）十一月二十一日）の召人に選ばれており、そのときは付歌《つけうた》を担当しました（『中右記』同日条）。さらに堀河天皇の代の内侍所御神楽や、天皇の御前で催された殿上の御神楽にも、何度も神楽歌の拍子の役を務めていました。おそらく宗忠は、歌舞音曲に秀でた家の出身ということもあり、貴族の中では御神楽の拍子の経験を重ねていた方であったに違いありません。鳥羽天皇の清暑堂御神楽の末拍子に選ばれたのも、この豊富な経験が認められてのことでしょう。

その彼ですら、清暑堂御神楽のためには、相当な稽古を重ねなければなりませんでした。現代では、過去の舞台の映像や音声を再生して、そこから学ぶこともできます。しかしC

DやDVDのなかった当時は、芸能の習得は師から直接指導を受け、ひたすら稽古を繰り返す以外にありません。すでに述べたように、清暑堂御神楽の召人に選ばれることは大変な名誉とされていましたが、同時に天皇一代一度の大祭に大役を果たさなければならないという大きなプレッシャーをともなうものでもありました。十月四日、宗忠は伊勢神宮を遙拝《ようはい》（神社に参詣するのではなく、遠くから神を拝むこと）して、御神楽の拍子で失礼のないようにという祈願も行っています。さらに吉田神社に参詣して、同様の祈願を行っています（『中右記』同日条）。

藤原宗忠の御神楽の稽古

それでは宗忠の受けた指導、あるいは稽古とはどのようなものだったのでしょうか。大嘗会の約二ヶ月前、すでに宗忠は、白河院が清暑堂御神楽の末拍子を自分に命じる意向であることを耳にしています（『中右記』九月十七日条）。宗忠はさっそく御神楽の師として、多近方《おおのちかかた》という官人《かんにん》を自邸に招いて、指導を仰いでいます。さらに二十一日と二十二日、近方を終日傍に置いて、御神楽の教えを受けています（『中右記』両日条）。また少し日の空いた十月二日にも自邸に近方を召して、近方から神楽歌と笛を習っています（『中右記』同日条）。このように、宗忠は、忙しい宮仕えの合間を縫うように、近方からマンツーマンで神楽歌の特訓を受けている様子がうかがえます。

さらに九月二十三日、宗忠は清暑堂御神楽の拍子の役を一緒に務める叔父の宗通の邸宅を訪れています。一緒に神楽・御遊などを習い始めるためでした（『中右記』同日条）。宗通邸に集まった貴族のうち、伊通は和琴、宗能は付歌で召人に選ばれていました。この清暑堂御神楽の召人に加えて、宗忠の御神楽の師の近方も参加しています。さらに十月一日にも宗通邸を訪れて、同様に御神楽を行っています。『中右記』によると、宗通邸の御神楽は、十月二十四日、十一月七日、十一月九日、十一月十一日、十一月十四日と、当日に向けて頻繁に開かれていることがうかがえます。

清暑堂御神楽習礼

清暑堂御神楽を数日後に控えた十一月十七日、白河院の御所において御神楽が催されました。院の許には、御神楽に奉仕する貴族だけでなく、摂政の藤原忠実を含む公卿・殿上人も参加しています。本番を数日後に迎えるという状況を踏まえると、この日の御神楽は白河院や摂政の同席する場で、清暑堂御神楽の通し稽古か予行演習（リハーサル）が行われたと考えるのが自然ではないでしょうか。しかし、この日は御神楽だけでなく、大嘗会の夜の清暑堂では行われない今様・雑芸《ぞうげい》・朗詠などの芸能も数を尽くして行われました（『中右記』同日条）。このうち今様は、後白河院の『梁塵秘抄《りょうじんひしょう》』でよく知られるように当時の流行歌謡でした。さらに、清暑堂御神楽には召されない豊原時元《とよはらのときもと》、多近方、秦兼方《はたのかねかた》ら下級官人も御神楽に参加しています（『殿暦《でんりゃく》』同日条）。このように芸能からみても、参加者からみても、この日の御神楽は清暑堂御神楽の単なる予行演習ではないことに気づかされます。

さらに翌日の十一月十八日には、摂政の藤原忠実邸においても御神楽が行われています。この摂政邸の御神楽は「清暑堂御神楽習礼《しゅうらい》」と呼ばれる行事で、『中右記』によると、藤原道長の時代に行われたものを先例としました（『中右記』同日条）。清暑堂御神楽直前に行われる御神楽は、これが最後でした。この摂政邸の御神楽において特に注意されるのは、清暑堂御神楽に奉仕しない人長の秦兼方が参加していることです。この人長は御神楽における唯一の舞人であると同時に、御神楽全体をとりしきる役でもありました。すでに述べたように、清暑堂御神楽には人長は奉仕しません。もしこの摂政邸の御神楽（「清暑堂御神楽習礼」）が、現代でいうところの清暑堂御神楽の予行演習であったとすると、当日は参加しない人長を加える必要はないでしょう。

さらに『中右記』の記事によると、人長だけでなく、宗忠の師である多近方も参加したとあります。下級官人である彼もまた清暑堂御神楽の召人には含まれていませんでした。

このように摂政邸の御神楽は、最初から清暑堂御神楽に召されない人々まで招集されていたのです。十七日の白河院の御所の御神楽と翌日の摂政邸の御神楽は、明らかに清暑堂御神楽の単なる予行演習や通し稽古ではなかったのです。もちろん、稽古や予行という目的が全くなかったわけではないでしょう。しかし当日に向けて音を合わせたり、進行を確認したりするという今日的な意味での予行演習とは全く異なった内容でした。

王朝びとの「まつり」

このような御神楽が清暑堂御神楽当日の直前に催されていることを、どのように考えればよいのでしょうか。一つ指摘できるのは、これらの御神楽も清暑堂御神楽も、まとめて一つの大きな行事として、あるいは一連の行事として認識されていたのではないかということです。実は、これまでの宮廷儀礼や祭祀の研究では、清暑堂御神楽あるいは大嘗会の一回のみを取り上げて、その中で「まつり」の性格を説明しようとしてきました。しかし、当時の人々の意識に寄り添って考えると、大嘗会とその中に含まれる清暑堂御神楽に向けた日々も、すでに「まつり」だったのではないでしょうか。日常とは異なる「まつり」の日々の中で、王朝びとたちは何度も御神楽を行い、さらには今様などの流行の芸能も楽しんだのです。『中右記』の一連の記事は、王朝びとの「まつり」の範囲をもっと広くとらえる必要のあることを教えているように思われます。

ここまで清暑堂御神楽に向けた宗忠の動向を、時系列的に整理してきました。御神楽の師とのマンツーマンの稽古から始まり、御神楽の召人による奏楽の日々を経て、最後は院・摂政の許での御神楽が行われました。まさに二ヶ月にわたる御神楽漬けの日々の結果、十一月二十三日の清暑堂御神楽が素晴らしいものであったのは、すでにみた通りです。ところで、この二ヶ月間、ほぼ宗忠に付きっきりだったのが、御神楽の師である多近方でした。それではこの近方とは、どのような人物だったのでしょうか。

御神楽の師　多近方

藤原宗忠の御神楽の師である多近方は「右近府生《うこんふしょう》多近方」として、宗忠の日記に登場します（『中右記』天仁元年九月十七日条）。「右近府生」とは、宮中の警護と行幸の供奉を職務とした右近衛府《うこのえふ》の下級官人でした。

多氏《おおのし》略系図

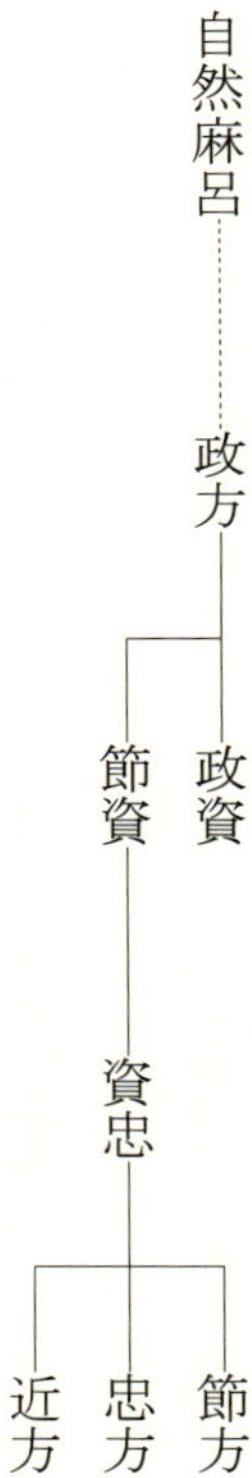

そもそも多氏は「近衛舎人《このえとねり》」（近衛府の将監《しょうげん》以下の下級官人の総称）を代々務めていまし

た。近衛舎人は、禁中の警護と行幸の供奉を職務としていたものの、平安前期より諸芸能に通じることも求められるようになり、次第に朝廷の儀礼の中で芸能を披露する機会を増やしていきます。彼らは天皇の近くに仕えたこともあり、天皇と貴族たちの私的な宴では、得意とする芸能を披露することが求められるようになったと考えられています。近衛舎人に求められた芸能は、主に歌舞音曲や競馬《くらべうま》などでした。

もともと朝廷の儀礼において、歌舞音曲を担当したのは雅楽寮《ががくりょう》などの役所でした。それが平安時代中期ごろに衰退してくると、代わって本来は楽人の詰所を意味する楽所《がくしょ》が常設化され、朝廷の儀礼において大きな役割を果たすようになります。歌舞音曲に通じた近衛舎人は、この楽所に所属して、天皇や貴族の饗宴において芸能を披露するようになったのです。

この多氏をめぐって、鎌倉時代の説話集には、次のような一節がみられます。

御神楽は、近衛舎人の職掌であり、その中で多氏の者が、古来より特に伝承し、歌い、今日まで絶えずにある。他家の者は、いまは立派に歌える者がいない。

（『続古事談《ぞくこじだん》』一五二話　現代語訳）

すなわち、宮廷の御神楽は、近衛舎人の職掌であったといいます。その中でも、特に多氏の楽人がこの道に優れていたというのです。この多氏は、清和天皇の大嘗祭《だいじょうさい》に奉仕したとみられる自然麻呂《じぜまろ》を祖としました。摂関期は、ほかの近衛舎人の家と同様、歌舞音曲と馬芸の両方で活動したと認められるものの、やがて右方舞《うほう》（舞楽で朝鮮半島を源流とするとされる舞）の舞人を専門とするようになり、藤原頼通の時代に活躍した多節資《ときすけ》になって、御神楽の拍子も独占的に継承するようになったことが判っています。さらに節資の子の資《すけ》忠《ただ》に至って、その地位はより強固なものとなったのでした。資忠は、舞人、宮廷の御神楽の拍子として活躍したほか、堀河天皇に御神楽の拍子を教授したことも知られます（『中右記』承徳《じょうとく》元年（一〇九七）十二月二十七日条）。その資忠の子が、宗忠の御神楽の師となった近方でした。

清暑堂御神楽と先例

鳥羽天皇の大嘗会の年、近方は何歳だったのでしょうか。楽所に所属した武官の名を列挙した『楽人補任《がくにんぶにん》（楽所補任《がくしょぶにん》）』によると、鳥羽天皇の大嘗会の二年後の天永《てんえい》二年（一一一〇）には、近方は二十一歳であったと記されています。この記事に従うと、鳥羽天皇大嘗会の年は、まだ十九歳であったことになります。一方、御神楽を教わる側である宗忠は、数え年で四十七歳でした。つまり、二人の間には親子ほどの年の差があったことになります。しかも宗忠は、当時権中納言《ごんちゅうなごん》の地位にありました。

なぜ宗忠は、子のような年少で、身分のずっと下位の者から教えを受けるようなことをしたのでしょうか。実は清暑堂御神楽の拍子を務める者は、多氏の近衛舎人から指導を受けるという先例があったのです。具体的には、源師房《もろふさ》が御神楽の拍子をとることになったときに多政方《まさかた》に学んだ先例、さらに祖父の藤原俊家《としいえ》が節資（政方の子）に習った先例をあげて、自分もその先例を踏襲したとしています（『中右記』九月十七日条）。つまり、年齢や経験、身分の差は問題ではなく、多氏の近衛舎人を師とするという先例がある以上、宗忠はその先例を踏襲しなければならなかったのでした。

王朝びとにとって、宮廷芸能の継承は、芸能のみを習得して完了するものではありませんでした。芸能習得の作法も含む、当時の先例を遺漏なく踏襲することが求められたのです。

御神楽後宴

清暑堂御神楽から数日後、無事に大役を果たした藤原宗忠は、多近方を自邸に招きました。宗忠は近方に馬を与え、饗宴を催すことにより、御神楽の師としての労に報いたのです（『中右記』十一月二十七日条）。今日のわれわれの目からみると、世話になった相手に対する感謝と慰労として理解できるでしょうが、おそらくこれも当時の先例に基づく作法であったのでしょう。

さらに約半月後の十二月十日の夜、一緒に拍子をとった宗通の邸宅において、管絃の遊びが催されています（『中右記』同日条）。『中右記』では、この饗宴は「御神楽後宴《ごえん》」と記されています。現代的な感覚からみると、清暑堂御神楽終了後の関係者による「打ち上げ会」といえるでしょうが、これも当時の先例に基づく行事ではなかったかと考えられます。面白いことに、この饗宴においても、やはり御神楽が行われているのです。すでに清暑堂御神楽は終了しているにもかかわらずです。

大嘗会巳日の夜の清暑堂御神楽のみに注目した場合、この後宴の意味はみえてきません。少なくとも後宴の中で御神楽を行う理由は理解できないでしょう。改めて、本章でみた一連の御神楽の意義を考えると、それらは清暑堂御神楽の一晩のために行われたのではなく、後宴も含む一つの大きな行事と認識されていたことが理解されるのではないでしょうか。この中で用いられる神楽歌は、現代的な意味での神事歌謡という性格だけではなく、饗宴の歌謡としても機能しています。後宴では、神楽歌だけではなく催馬楽《さいばら》なども歌われて、終夜遊興しました。当日に向けて演奏技術を上げていかなければならない大嘗会までの御神楽とは異なり、この後宴は大役を果たしたことによる安堵感でいっぱいだったはずです。列席した人々は、この夜の宴を心から楽しんだに違いありません。

この夜の後宴までこなして、ようやく宗忠たちの清暑堂御神楽は終了しました。繰り返しになりますが、大嘗会の中の清暑堂御神楽は一晩だけで完結するものではありませんでした。その前後の御神楽や音楽の遊興も含めた一連の行事全体が、王朝びとにとっての「まつり」だったのです。そのすべての行事を先例に基づいてそつなくこなすことが、貴族社会を生きる上での必要な技量であったといえます。

Ⅱ　御神楽と神楽歌

宮廷の御神楽は、神楽歌と呼ばれる歌謡を楽人たちが歌うことによって進行していく芸能です。神楽歌の奏楽を担当する召人《めしうど》は、笏拍子《しゃくびょうし》を打ち鳴らしながら本歌《もとうた》を歌う本拍子《もとびょうし》、末歌《すえうた》を歌う末拍子《すえびょうし》、篳篥《ひちりき》、笛、和琴《わごん》が一人ずつ、さらに本拍子・末拍子に唱和する付歌《つけうた》の複数名から構成されました。これに御神楽の進行役であると同時に、唯一の舞人《まいびと》でもある人長《にんじょう》が一人加わります。平安時代の御神楽は、どのように歌い進められたのでしょうか。内侍所《ないしどころ》御神楽を例に、その次第《しだい》をみていきたいと思います。

恒例行事と臨時行事

今日みられる各地の神社の神楽は、年中行事の神事の一部として行われることが多いようです。もちろん、すべてがそうではありませんが、毎年決まった季節に、決まった形式の神楽を披露するのが一般的でしょう。その一方で、特別祈禱や神前婚の巫女《みこ》の舞のように、神社の恒例行事とは関係なく、願主《がんしゅ》の求めに応じて奏される神楽も少なくありません。このように神楽は恒例行事と、そうではない臨時行事の二つに分けられます。

平安時代の朝廷で御神楽の奏される機会も、恒例行事と臨時行事の二つに大きく分けることができます。例えば、Iに取り上げた清暑堂《せいしょどう》御神楽は、天皇即位の大嘗会《だいじょうえ》のたびに行われる御神楽ですので臨時の御神楽ということができます。毎年決まった時期に行うのではなく、特別な行事や機会にともなって催されるからです。この清暑堂御神楽のほかには、天皇や貴族の神社参詣にともなって行われる御神楽や、特別な祈願にともなって行われる御神楽などがあげられます。臨時の御神楽は、おおむね先例に従いながらも、行事の規模や願主によって、その内容や人員に違いがありました。

一方の恒例行事は、原則的に毎年決まった期日に、決まった形式で行われる御神楽となります。当時の朝廷には、一年にわたって様々な行事が定められていて、年中行事の一部に御神楽も組み込まれていました。もちろん一口に朝廷の年中行事といっても、平安時代だけで約四百年間にわたりますので、一つの形が固く守られたわけではありません。最初は臨時行事であったものが、毎年のように行われるようになって、やがて恒例化されたものも珍しくありません。逆に、毎年行われていたものが、時代の変化の中で廃止された例もあります。さらにいうと、行事自体は続いているものの、本来の目的が失われるなどして、担い手や場所が変化したというケースもみられます。

このように、長い目でみると朝廷の儀礼は、成立と恒例化、あるいは衰退と廃絶をともないながら、規模や内容が絶えず変化していたのです。

御神楽の行われる儀礼

宮廷の御神楽に関していうと、遅くとも十世紀の初めには、朝廷の年中行事に加えられ、恒例化されていたようです。その後も少しずつ機会を増やしていって、約二百年後の院政期になると、恒例の御神楽の期日はほぼ固定しています。その代表的な行事を、次にあげてみましょう。

三月　石清水臨時祭《いわしみずりんじさい》（社頭の御神楽）
十一月　斎院《さいいん》御神楽（斎院相嘗《さいいんあいなめ》御神楽）
同　賀茂《かも》臨時祭（還立《かえりだち》の御神楽）
十二月　内侍所《ないしどころ》御神楽

まず気づくことは、石清水臨時祭を除くと、御神楽の期日は冬に集中しているという点でしょう。当時は陰暦ですので、十・十一・十二月の三ヶ月間が冬となります。王朝びとにとって、神楽が冬の行事であるという認識は、遅くとも院政期には定まっていたようです。具体的には、十一世紀後半の歌合《うたあわせ》や、十二世紀初頭に成立した『堀河院御時百首和歌《ほりかわいんおんときひやくしゅわか》（堀河院百首・堀河百首）』において「神楽」が冬期の歌題《かだい》（和歌の題）として固定していることからもうかがえます。

御神楽の多くは、朝廷の年中行事において儀礼の中の一部と位置づけられています。例えば、三月の石清水臨時祭は、男山《おとこやま》の石清水八幡宮に勅使（天皇が派遣する使者）と舞人《まいびと》・陪従《べいじゅう》（楽人）らが派遣されて執行され、御神楽も神社の神前にて行われました。これに対して、十一月の賀茂臨時祭では、下鴨《しもがも》神社・上賀茂《かみがも》神社に勅使らが派遣されるものの、御神楽が行われるのは勅使一行が内裏に帰還した夜中になります。場所は、天皇の日常の生活空間である清涼殿《せいりょうでん》の前庭でした。これは還立の御神楽と呼ばれる行事ですが、石清水臨時祭などのように神前ではなく、天皇の前で行われる点が特徴です。一方、内侍所御神楽は、それ自体が独立した年中行事となっていて、通常は毎年十二月に神鏡を祀る内侍所にて行われました。

このように朝廷の恒例の御神楽に限ってみても、催される場所がそれぞれ異なるだけでなく、各行事における位置づけもそれぞれであったのです。

内侍所御神楽の次第

宮廷の御神楽は、具体的にどのような芸能だったのでしょうか。儀礼の進行の順序、平たくいうとプログラムは「次第《しだい》」と呼ばれました。すでにみたように、宮廷の御神楽はいくつも存在しましたが、神楽歌《かぐらうた》と呼ばれる歌謡を歌うことによって進行する点は共通します。また「神楽」を歌題《かだい》としてみた場合も、霜夜に庭火《にわび》を焚き、榊や木綿《ゆう》を用いて万代の繁栄を祝福するといったイメージの固定化が早くより認められます。

それでは宮廷の御神楽の構成を把握するために、内侍所御神楽の次第を例に紹介したい

下御霊神社社殿

現社殿は、天明８年（1788）の大火で旧社殿が焼失したことにより、仮皇居の内侍所仮殿を寛政３年（1791）に移建したもの。これを由緒として、現在は毎年８月17日に御神楽が行われる。(著者撮影)

と思います。内侍所御神楽は、毎年十二月の夕刻から夜にかけて、温明殿《うんめいでん》の前庭において催されました。この御神楽に奉仕する召人《めしうど》は、全体の進行役であると同時に舞人でもある人長《にんじょう》一人と、本方《もとかた》・末方《すえかた》の拍子（笏拍子《しゃくびょうし》を打ち鳴らしながら、神楽歌を歌う中心的な歌人《うたびと》）、及び笛・篳篥《ひちりき》・和琴《わごん》の奏者がそれぞれ一人ずつ、さらに何名かの付歌《つけうた》（本拍子《もとびょうし》・末拍子《すえびょうし》に合わせて、神楽歌を斉唱する歌人）から構成されました。召人の構成はIにみた清暑堂御神楽とほぼ同じですが、清暑堂御神楽には人長が参加しませんので、その点が大きく異なっています。

この内侍所御神楽は、朝廷の年中行事でしたが、毎年全く同じ次第が守られたわけではなく、特に必要があれば三日間にわたって行われる年もあったようです。したがって一口に内侍所御神楽の次第といっても一様ではないのですが、ひとまずここでは院政期を代表する儒学者である大江匡房《おおえのまさふさ》の『江家次第《ごうけしだい》』という有職故実書《ゆうそくこじつしょ》（朝廷の行事やしきたりをまとめた書物）から、次第をあげてみましょう。まずは、御神楽の冒頭部分を示しておきます。

殿上人が座に着き、さらに本方と末方に召人《めしうど》が着座する。次に勧盃三献《けんぱいさんこん》があり、蔵《くろ》人頭《うどのとう》以下がそれぞれ分かれて酒を注ぐ。蔵人所《くろうどどころ》の雑色《ぞうじき》が瓶子《へいし》を取る。次に人長が立ち上がる。その進行は、最初に「鳴り高し（静まれ）」という。次に名対面《なだいめん》を行う。次に召人たちを立たせ、その次に「主殿寮《とのもりょう》よ、火を明るく灯せ」という。次に「掃《か》部寮《もんりょう》よ、軾《ひざつき》を用意せよ」という。次に和琴の楽人を呼び出すと、楽人は軾に着いて演奏する。人長が「本方に控えよ」というと、和琴の楽人は最も上座《かみざ》に着く。次に人長が笛の楽人を呼び出すと「本方に控えよ」といい、次に篳篥の楽人を呼び出すと「末方に控えよ」といい、次に本歌《もとうた》の歌人《うたびと》を呼び出すと「本方に控えよ」という。次に、人長が末歌《すえうた》の歌人を呼び出すと、奉仕すべき者は末方に控える。次に人長がいうことには「御神楽を始めよ」と。次に人長が退くと、残りの召人たちがみな着座する。次に衛府《えふ》召人が着座する。次に神楽が行われる。

（『江家次第』巻十一「内侍所御神楽事」現代語訳）

内侍所御神楽では、御神楽の儀礼本体に入る前に「才試《ざえこころ》み」や「人長作法」などと呼ばれる作法が行われました。『江家次第』に基づいて進行表にすると、次のように整理できるでしょうか。

①殿上人の入場、着座、勧盃三献（参列者一人ずつ順番に酒を注いで飲ませることを、三度繰り返す）
②人長の入場、名対面（自身の名乗りを行う）
③主殿寮官人による庭火の点火
④掃部寮官人による軾の設置
⑤和琴の楽人の入場と演奏、着座
⑥笛の楽人の入場と演奏、着座
⑦篳篥の楽人の入場と演奏、着座
⑧本歌・末歌の歌人の入場と歌唱、着座

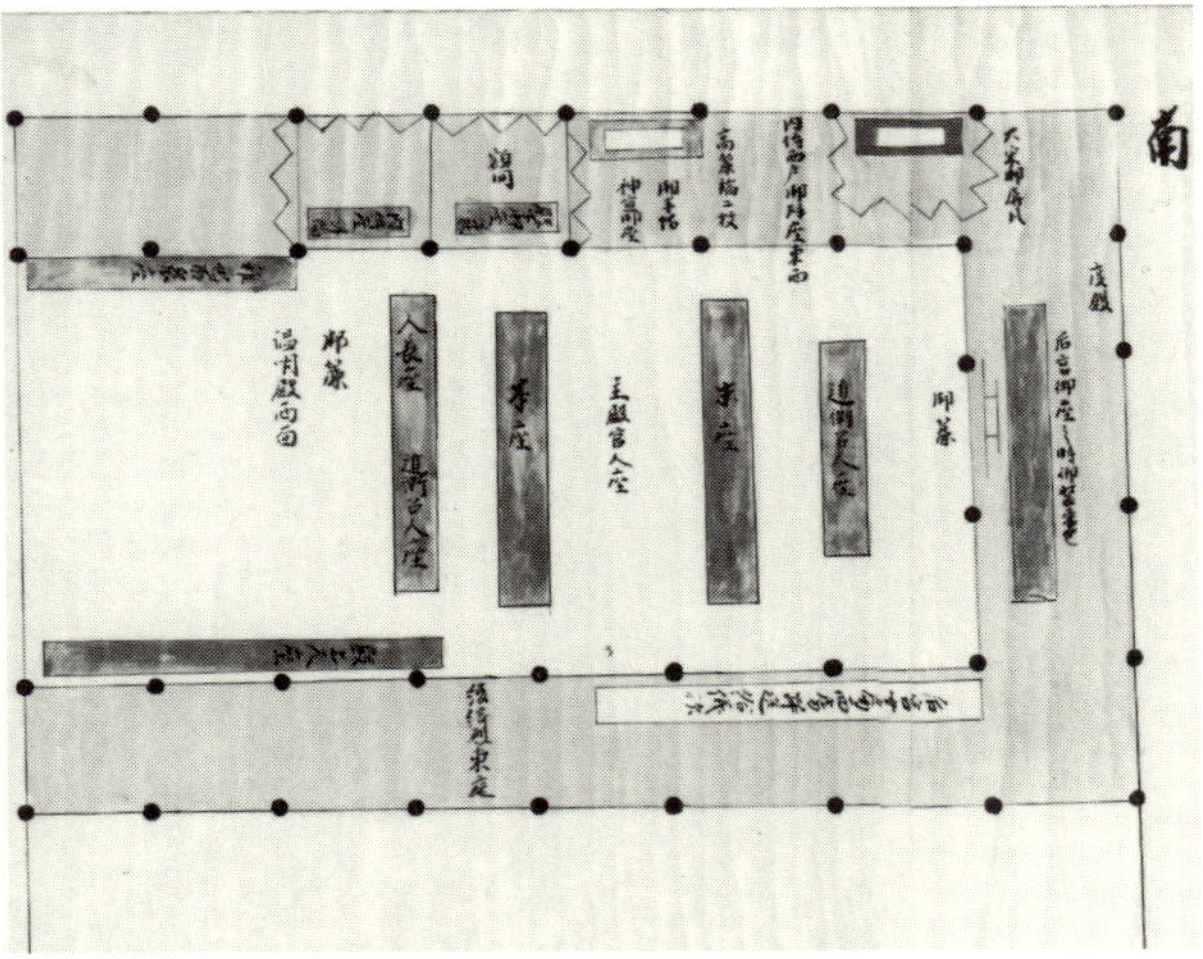

「内侍所御神楽事」(『雲図鈔』宮内庁書陵部蔵)

御神楽の召人は、「本座」(左側)と「末座」(右側)に分かれて、庭上に向かい合うようにして着座する。それぞれの後方には「近衛召人座」が設けられて、やはり向かい合って着座した。「近衛召人座」の隣には「人長座」がみえる。上方中央に天皇の座があり、その左に「殿下(摂政・関白)御座」が設けられた。

⑨人長の着席
⑩残りの召人、衛府召人の入場、着座
⑪神楽歌の奏楽開始

この「才試み」は、御神楽を始めるにあたって、招集された楽人に演奏能力があるかどうかを、短時間実際に演奏させて確認する作法といわれます。もちろん朝廷の公式行事である御神楽に選ばれた者である以上、演奏の能力の欠けた者が加わっているはずがないので、あくまで形式的な行為です。そもそも管絃の奏楽のときにも「音取《ねとり》」という短い演奏があります。この「音取」は、次の曲の導入としつつ、楽器の音程や音高などを整えるために行われるようです。

この「才試み」によって、御神楽の有資格者であることが確認されると、初めて御神楽の参加が（形式的にではありますが）正式に認められたことになります。

御神楽の神楽歌

「才試み」で演奏される曲は、鍋島家《なべしまけ》本『東遊歌神楽歌』（鍋島家旧蔵、現鍋島徴古館蔵）「神楽歌次第」（以下「鍋島家本『神楽歌』」と表記）によると「庭燎《にわび》」という歌謡です。

深山《みやま》には　霰《あられ》降るらし　外山《とやま》なる　真拆《まさき》の葛《かづら》　色づきにけり　色づきにけり

（奥深い山では霰が降っているらしい。人里近くの山の定家葛《ていかかずら》が紅葉したよ、紅葉したことだよ）

（鍋島家本『神楽歌』）

もともとは「葛《かづら》」の末歌であったのですが、「才試み」に使われるようになってからは「庭燎」の歌として定着したと考えられています。

人長によって召された召人たちは、本方と末方に分かれて、それぞれ向かい合うように着座しました。この御神楽は、原則として天皇が臨席します。天皇や公卿は、温明殿の建物の中に着座する一方、神楽の召人たちはその前の庭の上に座りました。具体的な配置は、本書五十二ページの「内侍所御神楽事」(『雲図鈔』)をご覧ください。

神楽歌は、一曲につき、本歌と末歌があり、双方がかけあいをするように歌われました。本方が本歌を歌い、末方が末歌を歌ったのですが、楽器は本・末のように二つに分かれておらず、どちらのときも演奏しました。

さらに内侍所御神楽は、次のように続きます。

それぞれ陪従《べいじゅう》五位から笏拍子を二枚借りて、これを打った。次に「榊《さかき》(賢木)」、「幣《みてぐら》(御幣)」、「韓神《からかみ》」を演奏し終わった。人長が立ち上がって舞った。次に、初めのように酒を一巡させて飲んだ。次に人長が立って、才男《ざえのおのこ》を召した。数人が一人ずつ進み出て奉仕する。終わると、人長は退く。次に「前張《さいばり》(左井八利)」、次に「朝倉《あさくら》」は地下《じげ》の陪従が歌った。次に「其駒《そのこま》」を歌った。人長は立って舞った。それから召人に禄を下賜した。

（『江家次第』巻十一「内侍所御神楽事」現代語訳）

神楽歌の一曲は、本歌と末歌のかけあいをもって曲が進行したのですが、その最初に歌われるのが「榊」という神楽歌でした。その歌詞は、次のようなものです。

本

榊葉《さかきば》の　香《か》をかぐはしみ　求《と》め来《く》れば　八十氏人《やそうぢびと》ぞ　円居《まとゐ》せりける　円居せりける

（榊の葉の香りがとてもよいので、探して来てみると、たくさんの氏の人々が、丸く輪になって座っていたよ、座っていたよ）

末

神垣《かみがき》の　御室《みむろ》の山の　榊葉は　神の御前《みまへ》に　茂りあひにけり　茂りあひにけり

（神垣の神のいらっしゃる榊の葉は、神の御前に茂りあっていることだよ、茂りあっていることだよ）

（鍋島家本『神楽歌』）

さらに「幣」のあとの「韓神」という神楽歌では、人長が神楽歌に合わせて優美に舞いました。その次に「才男」が呼び出されます。この才男とは、御神楽の途中に余興のような芸を行う男性のことで、その芸は即興的で、こっけいな所作をともなう内容であったようです。これが数名登場しました。その上で最後に神楽歌「朝倉」、「其駒」が歌われて終了となりました。

『江家次第』の内侍所御神楽の次第は、このようなものでしたが、貴族の日記などにみられる次第は、各回によっていくつかの違いもあります。特に「才男」は即興性が高く、毎回いろいろと趣向が凝らされたようです。繰り返しになりますが、御神楽の中で歌われる神楽歌の曲名や曲数については、そのときどきによって違いがあり、一つの次第が固く守られていたわけではなかったのです。

御神楽と東遊

宮廷の御神楽とよく混同されるのが、東遊《あずまあそび》という芸能です。両者は奏される機会の重なることが多く、担い手や使用される楽器、あるいは歌舞の雰囲気などが共通、または類似するところから混同されてしまうようです。もちろん御神楽と東遊は、全く別の芸能です。ここでは、御神楽との違いに注意しながら、東遊についてごく簡単に触れておきたいと思います。

そもそも「東遊」という名称は、東国の風俗歌舞《ふぞくかぶ》が都に入ってきた芸能とされることに由来します。古くは「東舞《あずままい》」と呼ばれていて、貞観《じょうがん》三年（八六一）三月十四日の東大寺大仏供養において、近衛官人《このえかんにん》二十人による東舞が奏されたという記録がみられます（『日《に》本三代実録《ほんさんだいじつろく》』同日条）。東国の芸能がどのような過程で宮廷に入ったのか、具体的な展開を文献史料から把握するのは難しいのですが、遅くとも九世紀後半には宮廷芸能に加わって

東遊（下御霊神社　例祭）

東遊は、中世に中絶するが、江戸期の公儀復興の機運により復興された。近代以降は宮中祭祀の中に位置づけられているが、一般には非公開である。下御霊神社では、例祭の毎年８月18日（御神楽の翌日）に東遊が奏される。（著者撮影）

いたようです。

東遊は、東国のローカルな芸能とされる一方で、宮廷では東国の人々が奏するのではなく、早くより近衛官人らが担っていました。そして、年中行事の中で舞われるようになったころには、貴族の趣味に合った王朝風の芸能にすっかり洗練されていたようです。東遊の行われる平安期の勅祭は、春日祭《かすがさい》、大原野祭《おおはらのさい》、賀茂祭《かもさい》（葵祭《あおいまつり》）、賀茂臨時祭、平野祭《ひらのさい》、平野臨時祭、石清水臨時祭などであり、御神楽と比較するとかなり多かったといえます。

東遊の歌舞

東遊は、「東遊歌《あずまあそびうた》」と呼ばれる歌謡に合わせて、男性たちが舞を披露する芸能です。人数は儀礼ごとにかなりの違いがありますが、例えば賀茂臨時祭の場合は、舞人が十人、陪従が十二人選出されました。舞人が人長一人しかいない御神楽と比較すると、舞にウェイトの置かれていることが理解されるのではないでしょうか。一方、東遊歌を演奏する陪従は、笏拍子・笛・篳篥・和琴・付歌で、こちらは神楽歌と共通します。ただし神楽歌のように本歌・末歌には分かれず、また着座せずに立ったままで歌謡を奏しました。そのため、和琴を支え持つ者が必要となりますので、付歌を兼ねながら和琴を持ちました。一般に東遊は「一歌」、「二歌」、「駿河舞《するがまい》」、「求子歌《もとめごうた》」、「片下《かたおろし》」の順に奏されます。冒頭の「一歌」および「二歌」は歌謡のみで舞がなく、「駿河舞」と「求子歌」では歌謡に合わせて舞が披露されました。このうち「求子歌」は、

あはれ　ちはやぶる　賀茂の社《やしろ》の　姫小松《ひめこまつ》　あはれ　姫小松　万代経《よろづよふ》とも　色は変《かは》
あはれ　色は変《かは》らじ
（ああ、神さびた賀茂の社の姫小松、ああ、姫小松、いつまで経っても、色は、ああ、色は変わらないだろうよ）
（鍋島家本『東遊歌』）

という歌詞です。この「求子歌」の歌詞は、実は『古今和歌集』巻二十・一一〇〇番歌に、

（三の丸尚蔵館蔵）

舞人は、小忌衣《おみごろも》を着た８人に、内大臣以下の公卿が加わるという盛大なものであった。舞人の後方には、和琴《わごん》・笛・拍子・篳《ひち》篥《りき》を奏する陪従《べいじゅう》の姿がみえる。御神楽と比較すると、舞中心の芸能であったことがうかがえるだろう。

『春日権現験記絵』

巻二は、寛治７年（1093）３月に行われた白河院の春日大社御幸を描く。この場面には、社頭の弊殿《へいでん》（舞殿）の前の庭の東遊の様子が描かれている。

藤原敏行《としゆき》の和歌として収められています。『古今和歌集』の詞書《ことばがき》に「冬の賀茂の祭の歌」と記されているように、賀茂臨時祭の東遊の歌詞として制作されたものでした。「求子歌」は、曲は同じものが用いられたものの、歌詞は行事ごとに新作されることになっていたようです。宇多天皇の代に賀茂臨時祭を開始するにあたって、敏行が「求子歌」のためにこの歌詞を新作したと考えられています。

このように東遊は、御神楽と共通点の少なくなかった一方で、舞に重きを置いた芸能であったことがうかがえます。また同じ宮廷の舞でも、舞楽は楽器演奏のみで、歌謡をともないませんでした。東遊については、清少納言も、

舞は　駿河舞。求子、いとをかし。

（舞は「駿河舞」と「求子」が素晴らしい）

（『枕草子』二〇三段）

と記しており、特に東遊の「駿河舞」と「求子」を舞の筆頭にあげています。ここからも、

東遊といえば舞の印象の強かったことが理解されるのではないでしょうか。

御神楽の由来

ここまで平安時代の御神楽の構成について述べてきましたが、それ以前、すなわち奈良時代の神楽はどのような芸能であったのでしょうか。先に結論を述べてしまうと、九世紀以前の神楽については、具体的な姿がほとんど明らかになっていません。平安後期のように、古記録や有職故実《ゆうそくこじつ》などの詳細な文献の記述が残されていないためです。しかも古代の朝廷の儀礼と芸能は、大陸から渡来した音楽・舞踊や、地方部族の歌舞などの影響を強く受けながら、平安中期以降の記録にみられるような形式に整えられていったと考えられます。したがって平安期の芸能の次第を用いて、上代の姿を探ろうとしても、正確に再現することは困難です。

その点を踏まえた上で、平安初期までの文献によりながら、可能な限り神楽の源流を探ってみたいと思います。大同《だいどう》二年（八〇七）に成立した神道書である斎部広成《いんべのひろなり》の『古語拾遺《こごしゅうい》』によると、「猨女君《さるめのきみ》が神楽を担った」という記述があります。これにより、遅くとも平安初期には、神楽と呼ばれる芸能が朝廷にて行われていたことが判ります。猨女君は天宇受売命《あめのうずめのみこと》の後裔と伝えられる一族で、朝廷の祭祀に楽舞を奉仕する女性を世襲的に貢上することを職掌としていました。

天宇受売命の歌舞

天宇受売命は、日本神話の天《あめ》の石屋《いわや》伝説に登場する女神です。『古事記』によると、須佐之男命《すさのおのみこと》が高天原《たかあまはら》で乱暴を働くようになり、姉の天照大御神《あまてらすおおみかみ》は天の石屋に籠ってしまいました。その結果、高天原も葦原中国《あしはらのなかつくに》もすっかり暗くなり、あらゆる災いが起こるようになります。神々は相談し、思金神《おもいかねのかみ》に考えさせて、天照大御神を石屋から出すために、次のような歌舞を行いました。

天宇受売命が、天《あめ》の香山《かぐやま》の日蔭蔓《ひかげかずら》を襷にかけて、真拆蔓《まさきかずら》を髪飾りにして、天の香山の笹の葉を手に取り持って、天の石屋の戸に桶を伏せて踏み鳴らし、神がかりして胸の乳を露出させ、裳《も》の紐を女陰までおし垂らした。すると、高天原が動かんばかりに八百万《やおよろず》の神々がみな笑った。そこで天照大御神は不思議に思い、天の石屋の戸を細めに開いて、その内でおっしゃることには「私がここに籠っているので、天の世界も葦原中国も暗いと思うのに、どうして天宇受売は歌舞を行い、八百万の神々はみんな笑っているのか」と。そこで天宇受売が申し上げることには「あなた様よりも尊い神がいらっしゃるので、このように喜び笑って歌舞を行っているのです」と。

（『古事記』現代語訳）

さらに天照大御神が身を乗り出したところ、天手力男神《あめのたぢからおのかみ》によって引き出されました。天照大御神が石屋の外に出たことにより、高天原も葦原中国も明るさが戻ったと『古事記』

は伝えています。

これは非常に有名な神話ですが、実は御神楽の由来としても語られる物語です。Iにあげた『讃岐典侍日記』の清暑堂御神楽の記述にも「天照大御神が岩戸にお籠りになられなくなったのももっともなことと思われる」とあったように、王朝びとは御神楽の起源を天の石屋神話に求めていたのです。もちろん神話をもって歴史的事実とすることはできませんが、天宇受売命の行った歌舞の姿は、猨女君の行った鎮魂儀礼に基づくと考えられていたのです。このような歌舞が神楽の起源であったとすると、神楽の源流となった古代の歌舞は、女性がエロチックな姿をとり、桶を伏せて踏み鳴らすような所作をともなう芸能だったとみることになります。

このように古代の神楽は、女性による歌舞であったことがうかがえます。一方、本章でみてきたように王朝文化における御神楽は男性のみで、女性は一人も登場しません（巫女神楽も行われていましたが、神社の祭事に限られており、宮中では男性が御神楽に奉仕しました）。また芸能自体の内容も、相当に異なったものです。神楽に限ったことではありませんが、長い歴史を有する芸能は、盛んになれば盛んになるほど、その時代の流行や趣向を積極的に取り入れつつ変貌していく運命にあります。記録から具体的に追うことはできませんが、神楽は、同時代のほかの芸能などとも融合しながら、王朝びとの好みに適合した姿に洗練されていったはずです。その結果、もともと女性の歌舞であったものが、男性の芸能に姿を変えたのかもしれません。この辺りは、今後の研究が待たれるところです。

Ⅲ　年中行事の中の御神楽

宮廷の御神楽は、朝廷の年中行事や臨時の行事において行われました。初めて六国《りっこく》史《し》の記事に「神楽」が登場するのは『日本三代実録《にほんさんだいじつろく》』仁和《にんな》元年（八八五）十月二十三日条です。十世紀以降、御神楽の機会は一気に増え、朝廷の年中行事に定着していくことになります。どのような機会に、御神楽は行われたのでしょうか。御神楽の行われる行事に注目しながら、平安時代の年中行事の世界を探っていくことにしましょう。

年中行事の形成と変遷

今日《こんにち》の日本では、政教分離（祭政分離）が憲法に定められています。一方、世界を見渡すと、宗教と政治が緊密に結びついている国は珍しくありません。特に古代の国家は、祭祀と政治とが不可分の関係にありました。政事を意味する「マツリゴト」は、祭事を意味する「マツリゴト」でもあり、宗教指導者は政治指導者でもあったのです。多くの為政者は、神に仕えながら神の言葉を聴き、その言葉を人々に伝えることによって、人々を支配しました。このような政治形態は「祭政一致」と呼ばれます。

古代の日本も祭政一致の政治形態をとっていました。弥生時代、祭祀をつかさどった卑弥呼が、邪馬台国の女王に立てられたのも、この祭政一致に基づくものです。さらに古墳時代の大王も、祭祀権を保持することによって、政治的権力も掌握していました。政治体制が成熟するにつれて、宗教の専門者と、政治の専門者に分離していきましたが、それでも祭政一致を基盤とすることに変わりはありませんでした。平安時代の朝廷において、神事や儀礼が重視された背景は、ここにあります。

また稲作に支えられた日本では、いつの時代も毎年の米の生育が大きな関心事でした。科学技術の進歩した現代においても、農業は自然の影響を避けることはできません。古い時代になるほど、農業に対する自然の影響は多大でした。技術が未発達であった古代の農作は、ほとんど自然任せであったといってもよいでしょう。日本人は自然を神として崇拝してきた歴史があります。人々は、稲作の成功を祈り、収穫後は感謝の祈りを捧げる「まつり」が欠かせないと考えました。

稲作は一年周期で、ほぼ決まった時期に決まった作業を行い、決まった時期に収穫を行います。そのため稲作の成功祈願も、やはり決まった時期に、決まった形式で行われることになります。その繰り返しが、年中行事となっていきます。年中行事は、実際に農作を行う人々だけでなく、祭祀権を掌握する為政者にとっても大きな関心事でした。ここに大陸より暦が渡来し、政治制度とともに儀礼制度が入ってくると、朝廷の年中行事もより複雑化していくことになります。

大陸文化と国風文化

朝廷の年中行事の多くは、饗宴と芸能をともないました。饗宴は、飲食をともなった宴のことで、現在の各地の「まつり」でも欠かせないものです。日本の古代の芸能は、もともとはシンプルな歌舞であったと考えられます。それが渡来人や遣隋使・遣唐使によって大陸の政治制度や文化がもたらされるようになると、日本の朝廷の行事にも、中国や朝鮮の王朝の楽舞が本格的に取り入れられて複雑化しました。また大陸芸能が輸入されただけではなく、以前から日本に存在した芸能についても、大陸の影響を強く受けたと考えられます。

御神楽の発祥については、具体的なことはほとんど判っていません。Ⅱで述べたように、神楽のルーツというべき芸能は、女性による歌舞であったようです。しかしそのような歌舞の姿も、大陸文化の影響を受けながら、古くから変化を続けたに違いありません。さらに平安時代に入り、大陸文化を基盤としつつも、日本人の好みを追求した国風文化が栄えるようになると、書跡や文学などと同様、御神楽も貴族の趣味に合ったものに洗練されていったはずです。そのような大きな流れの中で、史書や古記録にも「神楽」の文字が散見されるようになります。

競馬負態献物の神楽

御神楽は、どのように古記録に登場するのでしょうか。『日本三代実録《にほんさんだいじつろく》』仁和《にんな》元年（八八五）十月二十三日条は、六国史《りっこくし》に「神楽」という芸能の初めてみられる記事になります。六国史とは『日本書紀』に始まる朝廷の公式の歴史書で、平安時代前期までの記録が編年体でまとめられています。しかし『日本三代実録』以降は編纂されませんでした。「神楽」の記事は、その『日本三代実録』の最後の光孝天皇の代にみられます。

光孝天皇が紫宸殿《ししんでん》に出御し、右近衛府《うこのえふ》・右衛門府《うえもんふ》・右兵衛府《うひょうえふ》の三府《さんぷ》と右馬寮《うまりょう》が献上した。これは去る五月六日の武徳殿《ぶとくでん》前の競馬《くらべうま》の負態《まけわざ》である。親王たちと太政大臣の藤原基経《もとつね》以下出居《いでい》の侍従《じじゅう》以上が殿上に伺候《しこう》し、音楽と種々の散楽《さんがく》が奏された。日が暮れると、親王以下は紫宸殿を降りて、玉階《ぎょくかい》の前において神楽を奏し、歌舞は歓を極めた。衛府《えふ》官人《かんにん》・内竪《ないじゅ》らで歌の得意な者を呼び出して披露させた。

（『日本三代実録』同年十月二十三日条　現代語訳）

この日の饗宴は、同年五月六日に行われた競馬の負態として行われたものでした。負態とは、歌合《うたあわせ》や相撲《すまい》などの勝負事で、負けた組が罰として勝った方の人々に奉げる饗応や贈物のことをいいます。負態の献物《けんもつ》は、このころは毎年のように行われており、負けた側として右近衛府・右衛門府・右兵衛府・右馬寮が饗宴を献上しました。競馬は五月に行われ、負態は十月下旬に固定していることから、この時期の年中行事として定着していたこ

紫宸殿

紫宸殿は、即位・朝賀・節会などの行われた内裏の中心をなす建物。前庭には「左近の桜」と「右近の橘」を配す。平安朝の内裏の火災のたびに焼失した。里内裏では在来の寝殿が紫宸殿として使用されている。現在の紫宸殿は、安政２年（1855）の再建。(著者撮影)

とがうかがえます。

競馬負態献物では、音楽や散楽が行われています。饗宴に芸能は欠かせません。さらに日が暮れると、紫宸殿の人々は天皇を残して庭に降り、そこで「神楽」を奏したとあります。この神楽の具体的な内容は記されていませんので、どのような歌舞が奏されたのかは明らかではありませんが、天皇を除く者たちが階下に降りて奏したという点に注目すると、この神楽は天皇に奉られる芸能であったことは間違いないでしょう。あるいは天皇の長寿を祈願し、代の繁栄を祝福するような内容の歌舞であったのかもしれません。

夜の芸能

同時期の競馬負態献物の記事と合わせてみていくと、この饗宴では近衛府の官人《かんにん》によって芸能の献上されていることが判ります。神楽は、親王以下が奏したとされていますが、実際の奏楽は近衛府が中心となったと考えられます。近衛府は、内裏や貴人の警護を職務としていましたが、音楽や舞を得意とする官人を多く所属させており、饗宴ではしばしば芸能披露の機会が設けられました。

さて、改めて神楽に注目すると、近衛官人が奏したことから、すでにこの時期には男性のみによる芸能となっていることがうかがえます。殿上人のみによって奏される清暑堂御神楽を除くと、宮廷の御神楽は近衛官人が中心的な奏者となりますが、その在り方は早くも仁和元年の神楽に認めることができます。もっとも、この段階で院政期にみられるような御神楽の基本的な形式が完成していたかまでは、この記事だけでは明らかになりません。

先に競馬負態献物の神楽は、天皇に献上される歌舞であったことを指摘しました。見方を変えると、この神楽は、今日広くみられるような神社の神楽のように、神前において、神に奉げる芸能としては行われていないということになります。『日本三代実録』の記事に従えば、近衛府の献上する音楽や散楽に続いて神楽が奏されたとあります。競馬負態献物という機会や、紫宸殿という場所を考えても、天皇と貴族の饗宴という性格の強かったことが理解されるでしょう。六国史において初めて確認される「神楽」は、饗宴の芸能として行われていたのです。

その一方で、この神楽が日暮れ後に行われていることも見落とせません。実は、競馬負方献物の神楽に限らず、ほかの宮廷の御神楽も、さらにいうと古代の「まつり」の多くが、夜に行われていたのでした。すでに広く指摘されていることですが、古代の人々は昼と夜とに明確な区別をつけていました。昼と夜とでは、世界が異なると考えられていたのです。具体的には、昼は人間の世界、夜は神の世界とされていました。

仁和元年の競馬負方献物についても、神楽は夜に行われるべき芸能だという明確な意識を見出だすことができます。さきほど、この神楽は、天皇と貴族の饗宴の芸能であったと指摘しました。だからといって、神楽が神と全く関係のない芸能であったということにはならないのです。むしろ神の存在を強く意識しながら、昼よりも深く饗宴の世界に浸っていたといえるかもしれません。

さて、競馬負態献物は、陽成天皇と光孝天皇の代には毎年のように行われているものの、次の宇多天皇の代になると記録から姿を消してしまいます。その理由は明らかにされていませんが、関白・太政大臣として権勢を振るった藤原基経の時代と重なることに注目すると、あるいは基経の個性に基づく行事であったのかもしれません。一方、神楽については、宇多天皇の時代以降、年中行事において新たなポジションを獲得していくことになります。

賀茂臨時祭の開始

朝廷の年中行事として固定した最初の御神楽は、賀茂臨時祭《かもりんじさい》の還立《かえりだち》の御神楽と考えられています。臨時祭とは、恒例祭（賀茂社の場合は、賀茂祭《かもさい》（葵祭））に対して、臨時に行われる祭礼をいいます。「臨時」といっても、一回のみとは限らず、年中行事として恒例化された祭も臨時祭と呼ばれました。夏四月に行われる賀茂祭に対して、賀茂臨時祭は冬十一月の恒例行事でした。

賀茂臨時祭は、九世紀末に在位した宇多天皇によって開始された行事です。宇多天皇は、光孝天皇の皇子でありながら、臣籍降下（皇籍を離れて、臣下の身分になること）していた時期があります。その間、賀茂明神から「年に二度の祭の行われている神もあるのに、賀茂祭一つしかないのは不満である」という神託《しんたく》（神のお告げ）を受けたとされます（『宇多天皇御記《ぎょき》』寛平《かんぴょう》元年（八八九）十月二十四日条、『大鏡裏書』）。即位後の寛平元年、宇多天皇は、みずから発願《ほつがん》して賀茂臨時祭を開始しました。さらに次の醍醐天皇の昌泰《しょうたい》二年（八九九）には、賀茂臨時祭が恒例化されて、朝廷の年中行事に加えられています。

賀茂臨時祭の内容は、下鴨《しもがも》神社（賀茂御祖神社《かもみおやじんじゃ》）と上賀茂《かみがも》神社（賀茂別雷神社《かもわけいかづちじんじゃ》）に勅使《ちょくし》を派遣し、神馬《しんめ》と東遊《あずまあそび》を奉納することが中心になります。その出立《しゅったつ》にあたっては、清《せい》涼殿《りょうでん》の前庭において勅使一行に宴が下賜され、舞人《まいびと》・陪従《べいじゅう》による東遊が行われました。どちらの神社も京から遠くない土地に鎮座するため、その夜のうちに勅使一行は内裏に帰還し、天皇に祭祀の完了を報告することができました。その際、再び清涼殿に天皇が出御し、慰労の目的の酒宴が下される例になっていました。これが「還立」と呼ばれる行事になります。特に賀茂臨時祭においては、還立の行事として御神楽が行われました。

還立の御神楽の恒例化

賀茂臨時祭の還立の御神楽は、醍醐天皇の延喜《えんぎ》十年（九一〇）には行われていることが確認されます。

勅使たちが内裏に帰参した。酒食を下賜したのは、出立の行事のごとくである。次に群臣を庭火《にわび》の前に呼び出した。次第に従って神歌《かみうた》を奏させた。左兵衛佐《さひょうえのすけ》敏相《としみ》を人長《にんじょう》とした。歌い終わって神楽をいつものように奏した。饗宴が終わると禄を下賜した。

（『醍醐天皇御記《ぎょき》』同年十一月二十三日条　現代語訳）

この記事は『醍醐天皇御記』という醍醐天皇の日記から引いたものです。院政期の有職故《ゆうそくこ》実書《じつしょ》のような詳細な次第ではありませんが、還立の御神楽の内容が比較的よく判る記事といえるでしょう。庭火の前に群臣を呼び出して奏させる神歌と、それを取り仕切る人長の存在、さらにその後の神楽の奏楽といった構成は、すでにこの時期に固まっていることがうかがえます。しかも「神楽をいつものように奏した」と記されることから判るように、延喜十年の段階には、すでに還立の御神楽も恒例化されていたのです。還立の御神楽の恒例化は、賀茂臨時祭の年中行事化と同時か、その直後なのは間違いありません。

ところで還立の御神楽は、賀茂臨時祭という祭事の中で行われているものの、神社ではなく、内裏で奏されている点が注意されます。東遊は、下鴨神社・上賀茂神社の神に奉げる芸能としても奏されていますが、御神楽については、清涼殿の慰労宴の中で行われるのみでした。四半世紀前の競馬負態献物と同様、還立の御神楽は、天皇と貴族の饗宴の芸能として行われていることになります。

賀茂臨時祭は、開始からほどなく恒例化され、同じ時期に還立の御神楽も毎年行われるようになりました。ここに宮廷の御神楽が、朝廷の年中行事として定着するに至るのです。醍醐天皇の代は、賀茂臨時祭を開始した父の宇多院が健在でした。あるいは宇多院の強い

（『年中行事絵巻』田中家蔵）

庭上には左端から「本座召人」、「本座陪従」、「本座舞人」、「末座舞人」、「末座陪従」、「末座召人」の座が設けられた。さらに「末座召人」の隣（手前側）には、榊を手にした人長が着座している。楽人たちの前に酒食の用意も確認できる。

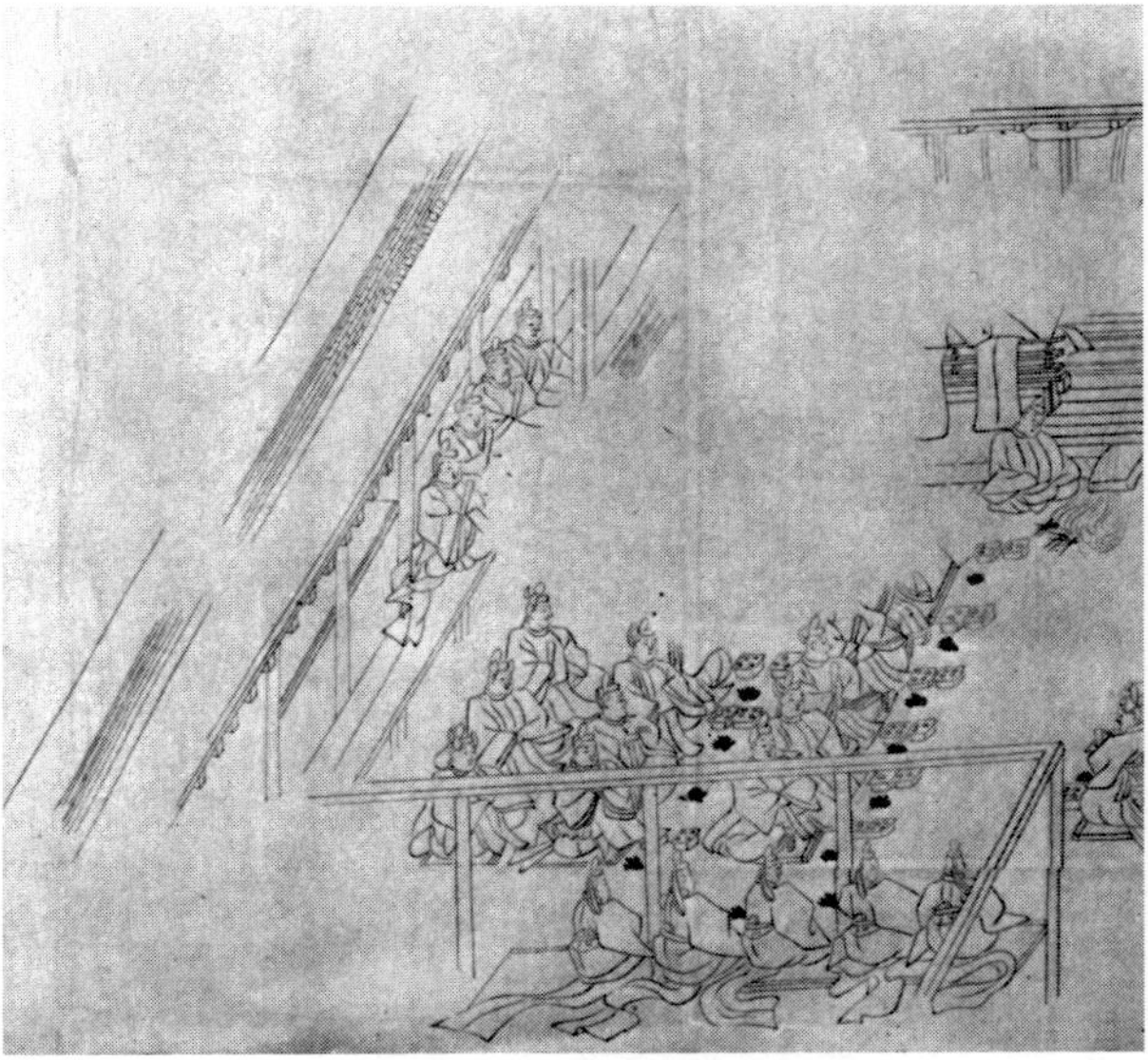

賀茂臨時祭の還立《かえりだち》の御神楽

還立の御神楽は、清涼殿《せいりょうでん》の前庭にて行われる。椅子に座るのは天皇で、殿上には御神楽を参観する公卿たちの姿もみえる。

要請によって、賀茂臨時祭は年中行事に加えられ、御神楽も恒例化されたのかもしれません。

石清水臨時祭の社頭の御神楽

賀茂臨時祭の成立から約半世紀後、石清水《いわしみず》臨時祭が開始されます。石清水臨時祭は、石清水八幡宮に勅使を派遣する行事で、恒例祭である秋八月の石清水放生会《ほうじょうえ》に対して、春三月に行われました。

石清水臨時祭は、十世紀前半に在位した朱雀天皇の発願で開始されました。都の人々を震撼させた承平天慶《じょうへいてんぎょう》の乱（平将門の乱、藤原純友の乱）が平定されたときに、神に感謝するために行われたのです（『本朝世紀《ほんちょうせいき》』、『吏部王記《りほうおうき》』天慶五年（九四二）四月二十七日条）。石清水臨時祭はすぐに恒例化されず、円融天皇の天禄《てんろく》二年（九七一）になってから朝廷の年中行事に加えられました（『日本紀略《にほんきりゃく》』同年三月八日条）。

石清水八幡宮社殿（石清水八幡宮提供）

石清水八幡宮では、臨時祭以外に、毎年２月・11月の初卯《はつう》の日の夜に「初卯の御神楽」が行われた。現在は、旧暦２月上卯《かみのう》の日と12月14日の夜に御神楽が行われている。

古記録によると、石清水臨時祭は、賀茂臨時祭を模倣した行事であったとされます。石清水の社前に勅使を派遣し、東遊と神馬を奉納するという基本的な構成は、賀茂臨時祭と全く変わりませんでした。しかし御神楽の位置に注目すると、二つの臨時祭の間には決定的な違いがありました。賀茂臨時祭は還立の行事として清涼殿の前庭で行われたのに対して、石清水臨時祭では石清水八幡の社頭（社殿の前）で行われたのです。

それでは石清水臨時祭は、社頭ではどのような祭事が行われたのでしょうか。『江家次第《ごうけしだい》』からその次第をあげたいと思います。

勅使が南一間半帖に着座する。再拝《さいはい》のあと、宣命《せんみょう》を読む（この間に舞人が神馬を南廊南庭に引き出す。神主に宣命を与える）。また再拝し、返祝《かえしのりと》のあと、神馬を引いて廻し歩く（八度）。中門の座に戻る。次に東遊。陪従は東門から入り、舞人の東に立つ（中門である）。舞人は南中門から舞殿《まいどの》に立ち「駿河舞《するがまい》」を終えて退出する。肩脱《かたぬ》ぎ（装束の袍《ほう》の肩だけを脱ぐこと）して舞い進む。東遊が終わると、次は御神楽である。

掃部寮《かもんりょう》官人が座を敷き、内蔵寮《くらりょう》官人が衝重《ついがさね》を置く。使および舞人・陪従が舞殿に着く（向かい合って座る）。使は西座、次に舞人それぞれ五人ずつが向かい合って座り、次に陪従がそれぞれ六人ずつ向かい合って座る。北一間北砌にて主殿寮《とのもりょう》官人が庭火を灯す。三献《さんこん》が行われると、人長が立って人長作法を始める。舞人・陪従はみな座を立ち、人長の指示に従って、みな順に着座する。まず和琴《わごん》、次に笛、次に篳篥《ひちりき》、次に本末の歌人である。次に召人《めしうど》も着座する。御神楽が終わると、次に舞人たちは南に下りて走馬を行う（北に向かって走らせる）。次に馬場を下がって、小調子《こぢょうし》を吹き、催馬楽《さいばら》「山城《やましろ》」を歌う。宿院に下がって装束を改める（次に帰京した）。

（『江家次第』巻六「石清水臨時祭」現代語訳）

臨時祭では、京から派遣された勅使が、社頭において奉幣を行い、神馬と東遊を神に奉納します。石清水臨時祭の場合は、東遊に続いて御神楽が奏されました。

翌日、勅使らは内裏に帰還して、天皇に祭事の完了を報告しましたが、還立の行事は賀茂臨時祭のような規模ではなく、禄を下賜される程度で終わりました。石清水臨時祭では、社頭で御神楽を奏す代わりに、還立の御神楽は行われなかったのです。

神前の御神楽

二つの臨時祭について、御神楽の位置が大きく異なることを確認しました。なぜ賀茂臨時祭と石清水臨時祭とでは、御神楽の位置が変わってしまったのでしょうか。確かに賀茂社に比べると石清水八幡は京から遠く、勅使らの負担を考えると、還立の行事が簡略化されたのは自然な流れであったといえるでしょう。加えて十世紀に入ると、藤原氏の摂政・関白による神社参詣が盛んとなり、その際は社頭で東遊と一緒に御神楽の行われることもあったことから、あるいはその影響を受けた結果とも考えられます。

石清水臨時祭の御神楽は、神前で東遊に連続して奏されており、直接神に奉げる芸能として催されていることがうかがえます。もちろん、御神楽に先立って酒饌が設けられていることからも判るように、饗宴の芸能としての性格も認められました。ただ、賀茂臨時祭の還立の御神楽のような宮中の慰労宴とは、全く異なる雰囲気の中で行われているのは明らかです。石清水八幡の社頭で行われる御神楽は、神を迎えて行う芸能というよりも、神の許に出向いて行う芸能であったということができるかもしれません。現代の神事芸能に通じる在り方だともいえるでしょう。

その後、十一世紀初頭になると、内侍所《ないしどころ》御神楽が成立します。この行事は内侍所という神鏡を祀った場所で奏されることからも判るように、最初から神前の御神楽として成立したものでした。饗宴の芸能として年中行事に定着した御神楽は、次第に神事芸能としての性格を強めていくことになります。一方で、賀茂臨時祭の還立の御神楽は中世まで続くこととなり、饗宴の芸能としての御神楽も命脈を保っていきました。宮廷の御神楽は、それぞれの行事の成立事情に基づきつつ、様々な性格を有する芸能として、奏楽の機会が増加していったのでした。

Ⅳ　御神楽をめぐる人々

宮廷の御神楽は、朝廷に仕える人々を中心に演奏されました。院政期には、宇多源氏や中御門家《なかみかどけ》などの殿上人の家系と、多氏《おおのし》を中心とする近衛舎人《このえとねり》の家系が専門的に御神楽の拍子を担うようになります。一方、御神楽に直接関わらなかった宮廷の女性たちも、御神楽に強い興味を示していました。女房文学の担い手として有名な清少納言と紫式部は、いずれも賀茂臨時祭《かもりんじさい》の還立《かえりだち》の御神楽について綴っています。彼女たちの書き残したものから、王朝びとがどのような思いを抱きながら御神楽をみていたのか探ってみることにしましょう。

御神楽に奉仕した人々

今日《こんにち》、地方の神楽は、神社に所属する氏子や神主、巫女によって行われることが多いようです。神社や氏子を中心とする神楽の奉納団体には保存会などを設立して、組織的に神楽の維持に努めている地域も珍しくありません。一方、現在皇居内で行われている御神楽は、宮内庁式部《しきぶ》職《しょく》楽部《がくぶ》の職員が奉仕しています。楽部は、宮中祭祀の奏楽や舞を専門としており、その務めの一つに御神楽も含まれています。

一般に芸能に関わる人々は、奉納行事や公演を滞りなく務めることと並んで、後継者の育成も大きな役割としています。芸能の継承は、人から人へ直接伝承されなければなりません。一度継承の途絶えたものは、再現・原状復帰させることが不可能です。この点は、王朝びとも全く同様でした。

平安時代の御神楽は、どのような人々が関係したのでしょうか。宮廷の御神楽は、朝廷の儀礼であったことから、朝廷に仕える人々が奉仕しました。当時の貴族にとって、音楽は必須の教養でした。ただし、男性貴族の素養とされた管絃や舞などとは異なり、御神楽の音楽に関しては、それを得意とする者が専門的に担ったようです。さらに院政期になると、御神楽の神楽歌や楽の技芸が家系的に継承されるようになり、御神楽の家ともいうべき家柄がはっきりとしてくるようになります。

平安時代の楽家

神楽歌の拍子を例にとると、宮廷の御神楽の召人《めしうど》に選ばれたのは、朝廷に仕える男性の中でも、特に歌謡を得意とする人々でした。そして摂関期から院政期にかけて、音楽を専門的に伝える家系（楽家《がっけ》）が形成されてきます。具体的には、宇多天皇の皇子敦実《あつみ》親王を祖とする宇多源氏や、藤原道長の子頼宗《よりむね》を祖とする中御門家《なかみかどけ》（Ⅰ参照）などが、殿上人の楽家として知られていました。このような家系の出身の殿上人たちは、父祖から歌謡や楽を相伝し、年中行事の御神楽では召人に選ばれたのです。特に天皇一代一度の大祭である大嘗会《だいじょうえ》の清暑堂《せいしょどう》御神楽は、殿上人のみが奉仕したことから、殿上人の楽家出身者を中心として御神楽が奏されることになりました。

一方、内侍所《ないしどころ》御神楽や賀茂臨時祭《かもりんじさい》の還立《かえりだち》の御神楽、あるいは石清水《いわしみず》臨時祭の社頭の御神楽は、殿上人だけでなく、楽所《がくしょ》の地下人《じげびと》も奉仕しています。朝廷の楽所は、近衛府《このえふ》に所属する下級官人を中心に組織され、様々な宮廷行事に芸能で奉仕しました。特に御神楽に関しては、拍子の家の多氏《おおのし》がよく知られるところです。多氏の楽人は、近衛召人《このえのめしうど》として御神楽に参加するだけでなく、殿上人の楽人に芸能を伝授するという役割も担っていました。清暑堂御神楽にあたって、多近方が藤原宗忠の御神楽の拍子の師を務めていたことは、Ⅰにみた通りです。

さて、内侍所御神楽については、殿上召人（殿上人の楽人）、地下召人（四・五位の官人《かんにん》の楽人）、近衛召人の三階層から、それぞれ六名ずつが毎年選出されました。この定員については毎回必ず維持されたというわけではなく、人員の揃わないときなどは、少ない人数で行われることもあったようです。これに人長《にんじょう》一人を加えて、御神楽が催されました。

歴代天皇と御神楽

宮廷の御神楽の担い手は、朝廷に仕える殿上人・近衛舎人《このえとねり》らでした。その一方で御神楽という行事は、歴代の天皇との関わりの深い儀礼でもありました。

Ⅲにも述べたように、朝廷の年中行事として最初に定着した御神楽は、賀茂臨時祭の還立の御神楽でした。この賀茂臨時祭は、宇多天皇の勅願によって成立した行事です。さらに社頭の御神楽の行われる石清水臨時祭は、朱雀天皇の勅願で開始された行事でした。すでに広く指摘されていることですが、朝廷の年中行事の中でも臨時祭は、上代以来の祭祀とは異なり、特に天皇の個人的な祈願に基づく祭事であるといわれます。朝廷の年中行事に御神楽が根付いていく背景として、平安期の天皇の積極的な姿勢も認められてよいでしょう。

さらに内侍所御神楽も、摂関期の天皇と深い関わりを有する行事として知られます。一条天皇の代である寛弘《かんこう》二年（一〇〇五）、内侍所が焼失し、その中に納められている神鏡も損傷するという事態が発生しました。このとき、神鏡の神慮を慰めるために、一条天皇によって御神楽が行われたのが、内侍所御神楽だったのです。

その後の内侍所御神楽は、不定期に開催されるようになりますが、やがて長暦《ちょうりゃく》二年（一〇三八）、一条天皇の子である後朱雀天皇の勅命によって毎年十二月に行われるようになり、朝廷の年中行事に加えられました。成立時の事情とは異なり、内侍所御神楽の年中行事化は、神鏡の危機のような事態とは関係なく進められたとみられます。これ以後、内侍所御神楽は定期的に行われるようになり、中世にかけて続けられました。

平安期になると、律令体制の変革にともなって、朝廷の祭祀儀礼も奈良時代までとは大きく変容しました。その中にあって御神楽は、新たに成立した行事の中で行われるようになり、当時の流行を取り入れながら、貴族好みの芸能に洗練されていきます。さらに院政期にかけて奏楽の機会を増やしていったのです。

女房文学の御神楽

平安時代の宮廷の御神楽を考察するときに、基本となる文献は当時の貴族の日記と有職《ゆうそく》故実書《こじつしょ》になります。これらの古記録は変体漢文で記されており、いずれも朝廷に仕える男性の手によってまとめられました。さらに中世の説話集も、御神楽などの宮廷芸能に関する記事が少なくありません。説話集には、朝廷の故実をまとめようとする目的もあったとみられ、古記録には記されない下級楽人のエピソードにも触れることができます。

一方、当時の御神楽は、宮廷に仕えた女性たちによっても書きとどめられています。かなで記された女房の文章からは、変体漢文で記される男性の文章とはまた印象の異なる御神楽の姿も浮かび上がってくるようです。Iでみたように、堀河天皇と鳥羽天皇の二代に仕えた藤原長子《ながこ》は『讃岐典侍日記《さぬきのすけ》』において、鳥羽天皇の清暑堂御神楽の詳細を書き残していました。男性のみの奉仕する宮廷の御神楽でしたが、女性たちはその周辺にいて、奏楽の様子を見守っていたのです。

ここから先は、女房文学を代表する二人である清少納言と紫式部の綴った御神楽の印象を読んでみたいと思います。

清少納言と御神楽

清少納言の『枕草子』を読むと、御神楽に関わる記述が少なくないことに気づきます。そのいくつかを取り上げながら、彼女の御神楽に対する印象を探ってみましょう。


歌は　風俗《ふぞく》。なかにも、杉立てる門《かど》。神楽歌もをかし。今様歌《いまようた》は長うてくせづいたり。

(歌謡は、風俗歌《ふぞくか》が素晴らしい。中でも「杉立てる門」が好ましい。神楽歌も面白い。今様は長くて、節まわしに特徴がある)

(『枕草子』二六二段)

まず、ここでいわれる「歌」とは、和歌ではなく、歌謡（うたいもの）のことを示しています。清少納言は、当時の歌謡の中では、風俗歌を筆頭にあげており、さらに神楽歌も面白いと述べているのです。風俗歌は、一般に地方の民謡が都に入ってきた歌謡と考えられており、当時の貴族の間で愛好されました。当時の高貴な女性は、御神楽に奉仕することはもちろん、人々の前で声を出して歌を歌うような機会もほとんどなかったと考えられます。そのため清少納言も、自身が人前で歌うのではなく、聴く側として歌謡を愛好したのでした。

さらに『枕草子』には、御神楽の採物《とりもの》に注目した記述があります。少し長い段になるので、御神楽に関わる部分を紹介しましょう。

花の木ならぬは　楓《かへで》。桂《かつら》。五葉《ごえふ》。（中略）榊《さかき》、臨時《りんじ》の祭《まつり》の、御神楽のをりなど、いとをかし。世に木どもこそあれ、神の御前《おまへ》の物と生《お》ひはじめけむも、とりわきてをかし。

（花を愛でない木としては、楓、桂、五葉の松が素晴らしい。（中略）榊は、臨時祭《りんじさい》の御神楽のときなど、とても素晴らしい。世の中に木はたくさんあるけれども、神前の木と生まれつき決まっていることも、ことのほか情趣が深い）　（『枕草子』三八段）

榊は、古来神事に欠かせない植物でした。一般に神の降臨する際の標識である「依代《よりしろ》」としても重んじられましたが、宮廷の御神楽においては、人長の持ち物という特別な意味がありました。人長の舞では、神聖な植物である榊を優美に用いることから、清少納言もその印象を念頭に置いているのかもしれません。

『枕草子』の賀茂臨時祭

『枕草子』三八段では、榊について、特に「臨時の祭の、御神楽のをり」というように、臨時祭に限定しているのが注意されます。この臨時祭の行事をめぐっては、『枕草子』一

「清涼殿神楽庭燎前人長所作之図」（『雅楽図』三の丸尚蔵館蔵）

御神楽の唯一の舞人《まいびと》である人長《にんじょう》は、大きな榊を持って優美な舞を披露する。摂関期は尾張安居《あぐい》・兼時父子が人長の名手として知られたが、院政期以降は秦《はた》氏が世襲するようになった。

三六段において「なほめでたきこと（やはり何といっても素晴らしいこと）」として、祭事の素晴らしさが存分に綴られています。この一三六段では、最初に試楽《しがく》の様子が記され、続いて当日の勅使の出立《しゅったつ》の行事が詳しく描かれています。東遊歌を担当する陪従《べいじゅう》の奏楽に合わせて、舞人《まいびと》が優美に舞う姿を、天皇や貴族たちと一緒に、宮廷に仕える女性たちも参観しました。

やがて勅使一行が下鴨神社・上賀茂神社に向けて出発すると、内裏における行事はいったん終了となります。清少納言は少し寂しい思いで勅使たちを見送ったのでした。しかし夜となり、勅使一行が内裏に帰参すると、再び臨時祭の舞台は宮中に移ります。

賀茂臨時祭は、還立の御神楽などに気持ちが慰められるものだ。庭火《にわび》の煙が細く立ち上っているところに、神楽の笛が明るく晴れやかに震えて、吹き澄まされて上ると、（神楽歌の）歌の声もとても情趣が感じられて、非常におもしろい。（周囲は）寒く冴え凍って、打衣《うちぎぬ》（表着の下に重ねて着るもの）も冷たくなり、扇を持っている手も冷えるが、（神楽に）夢中になっているので気がつかない。才男《ざえのおのこ》を呼び出すときの、声を長く引いた人長の自分の役柄に満足したような姿は見事である。

（『枕草子』一三六段　現代語訳）

賀茂臨時祭は、陰暦十一月下酉《しもとり》の日という真冬に催されます。御神楽は、清涼殿《せいりょうでん》の前庭という屋外において、しかも深夜に行われることから、奏楽する陪従たちはもちろん、天皇と貴族たちも寒さに耐えながら参観することになりました。目的は慰労宴ですので、参加者には酒が振る舞われます。酒が入れば体も温まり、寒さを和らげることができたでしょう（逆にいうと、防寒のためにも、酒を必要としたはずです）。真冬の夜の厳しい寒さを忘れさせるほどに、御神楽の様子は素晴らしいものであったと清少納言は記しています。『枕草子』一三六段の御神楽の描写は、王朝びとがどのような思いで御神楽を眺めていたのかを知ることのできる貴重な証言といえるでしょう。

実は、宮廷に仕える女性たちにとって、賀茂臨時祭の還立の行事は、御神楽に直接触れることのできる数少ない機会の一つでした。同じ臨時祭の御神楽でも、三月の石清水臨時祭が男山《おとこやま》の石清水八幡宮の社頭において行われるのに対して、賀茂臨時祭は還立の行事として宮中で行われました。彼女たちにとって、臨時祭の御神楽はおのずから還立の御神楽を指すようになったのです。本書一一〇・一一一ページの『年中行事絵巻』には、賀茂臨時祭の庭座の儀を見物する女房たちの姿が確認できます。同じように還立の御神楽でも、彼女たちは御簾越しに庭上の芸能を見物したと思われます。

次にあげる一文も、やはり賀茂臨時祭の御神楽を念頭に置いた記述でしょう。

心地よげなるもの　卯杖《うづゑ》のほうし。御神楽の人長。神楽のふりはたとか持たる者。

(気持ちよさそうな者は、卯杖の法師。御神楽の人長。神楽の振り幡を持っている者)

(『枕草子』七六段)

清少納言は「心地よげなるもの」の一つとして、御神楽の人長をあげています。前出の三

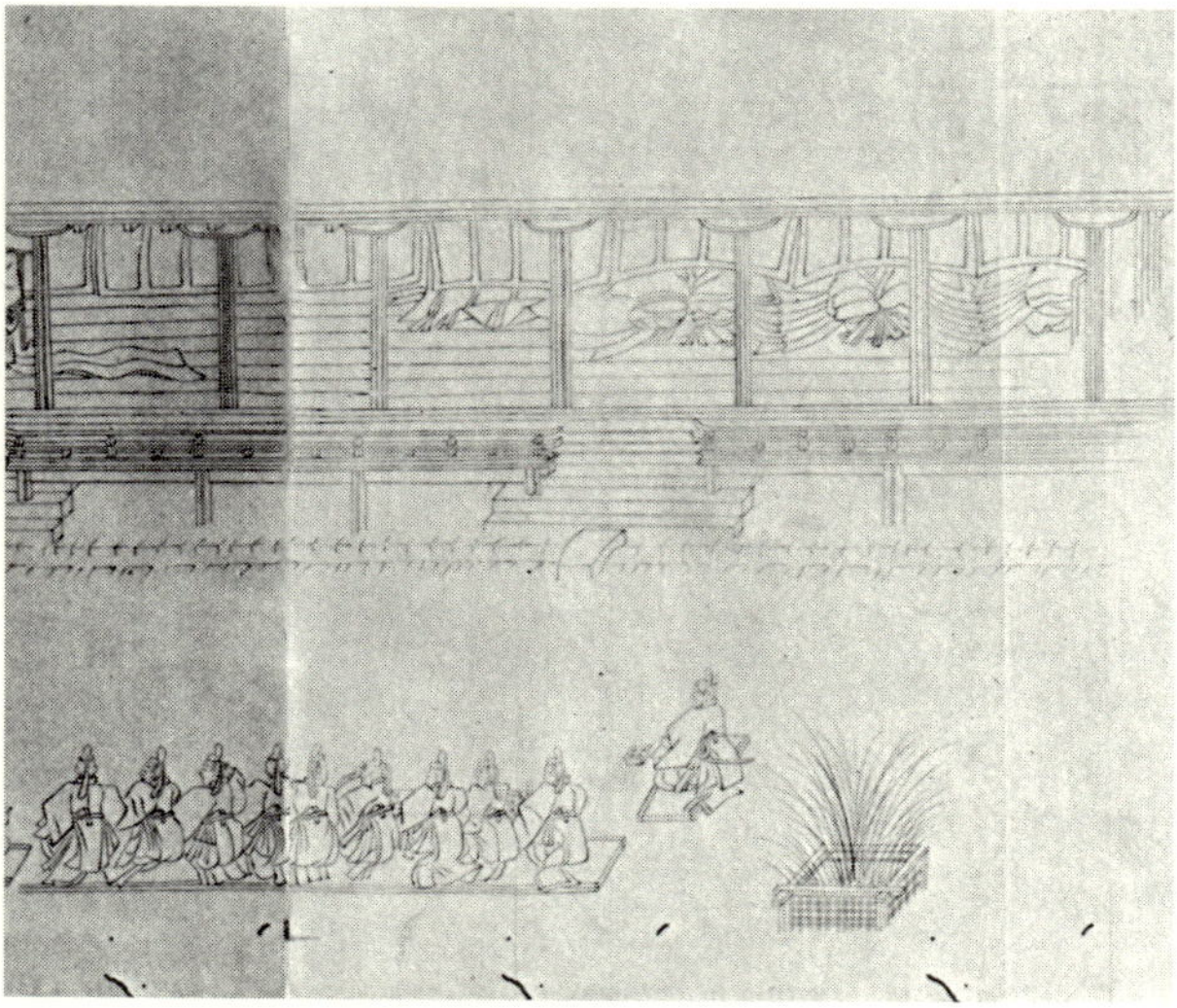

(『年中行事絵巻』田中家蔵)

奥の御簾からは、儀礼の様子を見物する女性たちの衣もみえる。その後、勅使一行は下鴨神社・上賀茂神社に向けて出発した。夜に帰還すると、同じく清涼殿の庭上において還立《かえりだち》の御神楽が行われた。(本書86・87ページ参照)

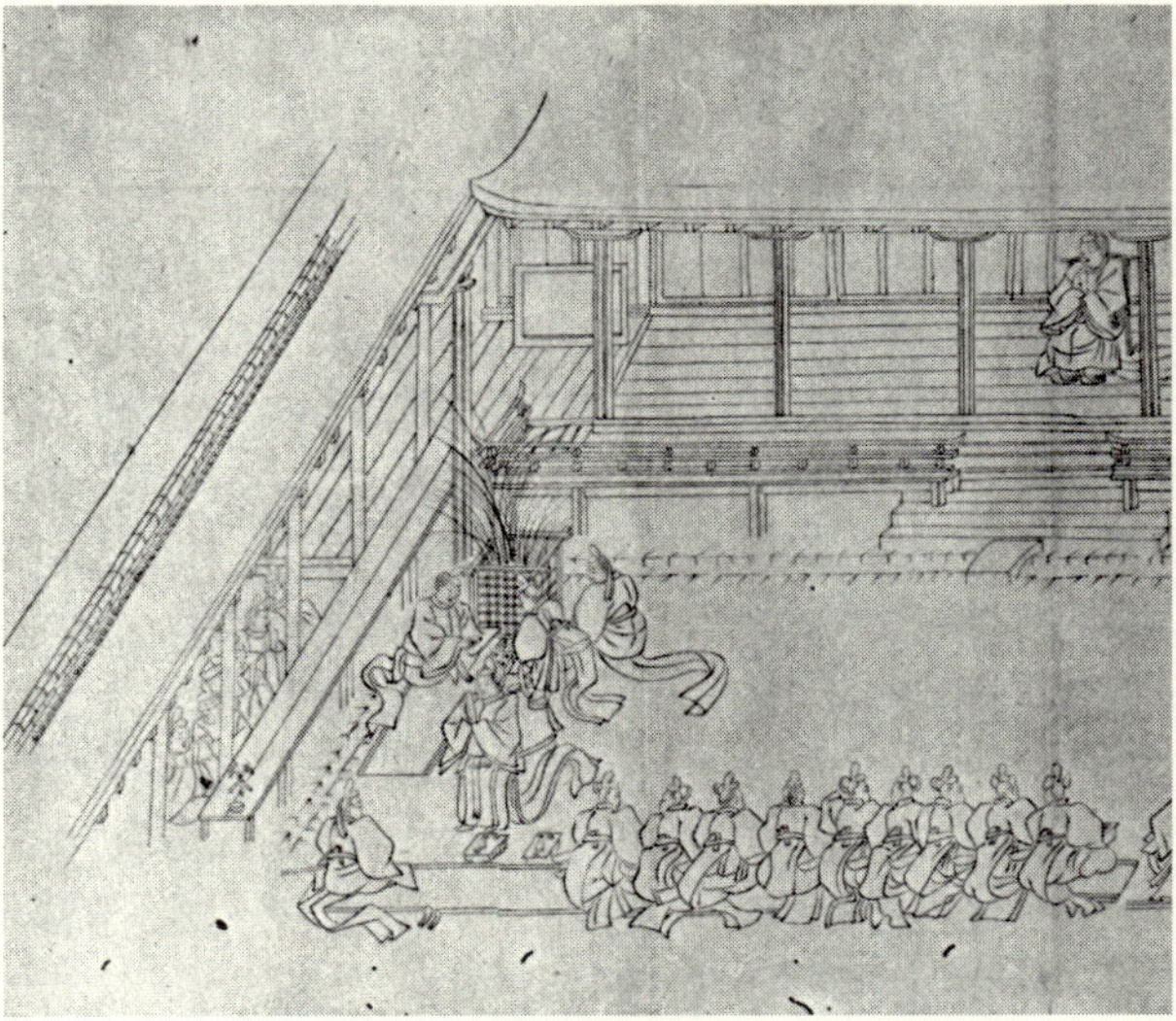

賀茂臨時祭　庭座の儀

賀茂臨時祭では、勅使・舞人《まいびと》・陪従《べいじゅう》の出立にあたって、庭座の儀が行われる。中央の御椅子に天皇が出御し、清涼殿の庭上に勅使・舞人・陪従が一列に並んで座っている。庭座の儀では、天皇から宴が下賜された。

八段には、還立の御神楽で才男を召し出すときの声を長く引いた人長を「心地よげ（自分の役柄に満足したような）」と表現していることから、この七六段も同様の場面を想定していると思われます。天皇を初めとする多くの人々に注目されつつ、堂々と楽人たちを呼び出し、また優美な舞を独りで披露する人長の姿は、まさしく「心地よげ」と映ったに違いありません。

この『枕草子』は清少納言の回想録ですので、彼女の個性的な見方や考え方も目立つ内容となっています。当時の女房ら宮廷に仕える女性たちの御神楽に対する見方を『枕草子』のみに求めることは、必ずしも正しいとはいえない側面もあります。しかし還立の御神楽を夢中になって見物したという清少納言の姿は、当時の女性たちとそう大きく変わるものではなかったのではないでしょうか。

現代と比較すると、華やかな宮中であっても、当時は娯楽の機会が多かったわけではありませんでした。淡々と過ぎていく日々の中にあって、ささやかな楽しみの一つが年中行事の芸能でした。賀茂臨時祭の還立の御神楽は、宮廷に仕える女性たちにとっても貴重な楽しみの機会であったのかもしれません。

紫式部と御神楽

清少納言と同時代を生きた紫式部は、御神楽をどのように描いているのでしょうか。彼女の『紫式部日記』には、やはり賀茂臨時祭の御神楽に関する記述がみられます。

寛弘五年（一〇〇八）十一月二十八日の賀茂臨時祭の勅使は、藤原道長の五男である教《のり》通《みち》でした。宮中の物忌《ものいみ》であったため、道長も宮中に宿直《とのい》し、翌朝出立の行事が行われました。勅祭の使に選ばれることは大きな名誉であり、特に貴公子にとっては晴れの舞台でもありました。この日の出立の行事には、道長の正妻で教通の実母でもある源倫子《りんし》も参内していています。さらに教通の乳母も感涙を流しながら、晴れの舞台を見守っています。

次に、勅使の教通以下が内裏に帰参してからの様子を確認してみます。

宮中の御物忌なので、（勅使一行が）下鴨神社・上賀茂神社から午前二時に帰参すると、還立の御神楽なども形ばかりのものが行われた。（人長の）尾張兼時《おわりのかねとき》が、去年まではとてもふさわしい様子であったのに、今年はすっかり衰えてしまった所作は、私とは関係のない人のことではあったけれども、しみじみと同情されて、自分の身の上に思いなぞらえることが多くございました。

（『紫式部日記』現代語訳）

この年の還立の御神楽は、宮中の物忌のあった関係から形ばかりの規模であったとあります。御神楽は、毎回同じように行われるのではなく、天候その他の事情によって規模に違いが生じたのは、すでにIでも触れた通りです。年によっては、御神楽自体の行われないこともあったようでした。

この還立の御神楽の中で、紫式部は尾張兼時という人物に注目しています。兼時は、尾張安居《あぐい》を父に持つ近衛舎人で、競馬《くらべうま》と舞の名手として知られていました。また道長の随身《ずいじん》の一人であったらしく、道長の日記である『御堂関白記《みどうかんぱくき》』にも、道長の許に頻繁に通っていた様子が認められます。特に人長として名高く、すでに正暦《しょうりゃく》四年（九九三）の御神楽に人長を務めたという記録が確認されます（『権記《ごんき》』同年九月二十日条）。さらに中世の説話集にも、

人長、これも近衛舎人する事也。昔、尾張安居・兼時、宗《むね》とこの事に堪《た》えたりけり。
（御神楽の人長、これも近衛舎人の職掌である。昔は尾張安居・兼時が、この役を果たした）
（『続古事談《ぞくこじだん》』一五三話）

と記されているように、父とともに人長の名手として後世に名を残しました。ちなみに、兼時が人長として活躍した同時期に、清少納言は中宮定子に出仕していることから、前出の『枕草子』で称讃された人長は、この兼時であった可能性が高いでしょう。

このように人長として評判を得た兼時でしたが、『紫式部日記』によると前年までは立派に務めたものの、今年は格段に衰えをみせたということが記されています。手放しに御

神楽の素晴らしさを称讃した清少納言とは異なり、紫式部の目は老武官の所作の衰えに注がれているのです。

一方、清少納言と紫式部の両者に共通するのは、御神楽の召人の中でも、特に人長に注目している点ではないでしょうか。人長は、御神楽の唯一の舞人でしたが、その所作の優美さにおいても衆目を集める存在であったことがうかがえます。

臨時祭の調楽・試楽

ここまでみてきた『枕草子』と『紫式部日記』の御神楽は、いずれも賀茂臨時祭の還立の御神楽です。還立の御神楽は、清涼殿の前庭で行われるので、宮中に居住する女房たちも見物することができました。逆にいうと、宮中の外で行われる御神楽は、なかなか見物の機会がなかったことになります。それでは、彼女たちが宮中の御神楽に触れられる機会はほかになかったのでしょうか。

先にあげた『紫式部日記』には、前述の賀茂臨時祭のくだりの直前に、次のような一節があります。

五節《ごせち》過ぎぬと思ふ内裏《うち》わたりのけはひ、うちつけにさうざうしきを、巳《み》の日の夜の調楽《ちょうがく》は、げにをかしかりけり。若やかなる殿上人など、いかになごりつれづれならむ。

（五節の終わってしまったと思う宮中の様子は、急に寂しく感じられるけども、巳の日の夜の調楽は、本当に面白かった。若々しい殿上人などは、どれほどか名残が尽きず、所在ない気持ちであっただろう）

（『紫式部日記』）

調楽とは、臨時祭の前に行われた楽舞の教習の会でした。賀茂臨時祭や石清水臨時祭の前には、奉仕する舞人・陪従らによる調楽と試楽《しがく》が行われたのです。祭儀の一ヶ月前に勅使および舞人・陪従が選定されると、以後は楽所において歌舞の教習が重ねられます。今日の感覚では、公式演奏に対して、稽古は非公開、非公式として扱われるのが一般的でしょうが、平安期の試楽と調楽は、賀茂臨時祭の一部をなす公的行事と考えられていたようでした。特に歌舞の教習には酒食をともなったことから、若い貴族たちにとっては大切な社交の機会となったようです。

臨時祭の調楽は、東遊《あずまあそび》の稽古を中心としたようですが、御神楽も行われています。承平《じょうへい》二年（九三二）十二月二日は、朱雀天皇が賀茂臨時祭の調楽に出御し、東遊と御神楽を参観しています（『吏部王記《りほうおうき》』同日条）。さらに永観《えいかん》二年（九八四）十一月七日の賀茂臨時祭の調楽では御神楽が行われ、終了後に舞人・陪従たちに禄が下賜されています（『小右記《しょうゆうき》』同日条）。その上で祭儀の三日前に清涼殿の前庭で行われる試楽は、天皇臨席の下で歌舞が奏される例になっていました。教習を中心とする調楽に対して、試楽は本番に近い規模で行われたようです。

このように、臨時祭の試楽・調楽は単なる教習や予行演習の場ではなく、天皇の出御をともなうなど、祭儀当日に連なる重要な行事と考えられていたことが判ります。王朝びとにとっては、調楽や試楽も「まつり」の一部であったといえます。Ⅰにみたように、清暑《せいしょ》堂《どう》御神楽に向けて殿上人らが教習と習礼を行った日々とも重なってくるようです。

女房と調楽・試楽

話を女房たちの暮らしに戻すと、紫式部も臨時祭の調楽に触れていたことが『紫式部日記』にも確認されます。五節の終わってしまった寂しさを述べつつも、調楽の面白かった様子を強調しているのです。さらに、清少納言も『枕草子』において臨時祭の調楽を取り上げています。

まして、臨時祭の調楽などはとても面白い。主殿寮《とのもり》の官人が長い松明を高く灯して、首を襟の中に引っ込めて行くので、松明の先は物に突き当たってしまいそうなほどであるが、(楽人たちが) 面白く楽を奏して、笛を吹き立てて、私たちもいつもより格別なことと思っているると、貴公子たちが昼間の装束で立ち止まって、細殿《ほそどの》の女房達と何か話をしていると、お供の随身《ずいじん》たちが、声をひそめて短く、自分の主人たちのために先払いの声をかけているのも、奏楽に交じって平素に似ず趣きがある。さらに戸を開けたままで、楽人たちの帰りを待っていると、貴公子たちの声で「荒田《あらた》に生《お》ふる富草《とみくさ》の花」という風俗歌《ふぞくか》をうたっているのは、いまは前よりも少し趣きがあるのだけれども、どのような生真面目な人なのであろうか、止まらずにさっさと進んで退出してしまう人もいるので笑っていると「ちょっとお待ちなさい。『どうしてそんなに夜（世）を捨ててお急ぎになるのか』といっている女がいますよ」などというと、気分などが悪いのであろうか、倒れてしまいそうなほどに、もしかすると人などが追いかけて捕えるのかとみえるほどまで、慌てて退出する人もいるようだ。

（『枕草子』七三段　現代語訳）

この七三段は、賀茂臨時祭の調楽について述べられています。こちらは調楽そのものというよりも、女房たちと調楽に参加する若い貴族たちとの交流が語られています。東遊も御神楽も、どちらも男性のみによって奏されましたが、芸能の周辺には常に女性たちの目があったことがうかがえます。

ここで改めて『枕草子』を読み直すと、

なほめでたきこと、臨時の祭ばかりの事にかあらむ。試楽もいとをかし。

（何といっても結構なものは、臨時祭といったところであろうか。試楽も大変面白い）

（『枕草子』一三六段）

とあり、臨時祭を称讃した上で、その試楽もとても面白いと語られています。臨時祭は、祭儀の当日だけではなく、試楽・調楽も宮廷の女性たちの大きな楽しみであったことがうかがえるでしょう。

このように『枕草子』や『紫式部日記』を読んでいくと、当時の女性たちがどのような気持ちで御神楽を参観していたか、その一端に触れることができます。宮廷に仕える女性たちにとって、賀茂臨時祭の還立の御神楽は、緊張感のある神事というよりも、楽しい娯楽の一つといった方がよいのかもしれません。王朝びとの「まつり」は、臨時祭の当日だけではなく、すでに調楽から始まっていたのでした。慰労宴という安堵感の中に行われる還立の御神楽は、女性たちの趣味や嗜好にもよく適ったのでしょう。

V

堀河天皇と御神楽

院政初期の堀河天皇は、音楽を愛好した天皇としても知られます。笛の名手でもあった天皇は、当時盛んであった宮廷の御神楽にも強い興味を示しました。平安時代のそれまでの天皇は、人前で歌謡を歌うようなことはなかったと考えられますが、堀河天皇はみずから拍子をとって神楽歌を歌っています。さらに多氏《おおのし》の神楽歌が断絶する危機に見舞われた際は、みずから多氏の楽人の遺児に神楽歌を教えることにより、その危機を回避しました。御神楽との関わりを読み解きながら、堀河天皇が日本芸能史に与えた影響を考えてみたいと思います。

堀河天皇と笛

堀河天皇は、応徳《おうとく》三年（一〇八六）から嘉承《かしょう》二年（一一〇七）までの二十二年間在位した院政初期の天皇です。父の白河天皇の譲位を受けて即位した天皇は、院の影響の強まる時代にあって親政に意欲的でした。『続古事談《ぞくこじだん》』一〇話には「末代の賢王《まつだいのけんおう》」と讃えられています。しかし志半ばで病に倒れた天皇は、二十九歳の若さで崩御しました。院政の開始時期に早世した堀河天皇は、政治史的には影の薄い存在かもしれません。

一方、文化史の方面からみたとき、堀河天皇の存在は看過できないものがあります。特に和歌史と芸能史の分野において、この天皇の影響は多大でした。音楽に関していうと、何より笛の名手であったことが知られています。典侍《ないしのすけ》として天皇に仕えた藤原長子《ながこ》は、

朝《あした》の御おこなひ、夕べの御笛の音《ね》忘れがたさに

（朝の御読経の声や、夕方お吹きになる御笛の音が忘れられないので）（『讃岐典侍日記』）

と記すなど、天皇と笛とは切っても切れない関係にあったことを示唆しています。

さらに『讃岐典侍日記』には、堀河天皇崩御後に鳥羽天皇に出仕した長子が、先帝を思い出して次のような和歌を詠んでいます。

笛の音《ね》の押されし壁の跡見れば過ぎにしことは夢とおぼゆる

（堀河天皇の笛の音の楽譜の貼られた壁の跡をみると、過ぎ去った昔のことは、みな夢であったかのように思われる）（『讃岐典侍日記』）

堀河天皇は、笛の曲の暗譜のために直筆の楽譜を、清涼殿《せいりょうでん》の寝所の壁に貼っていました。その楽譜のはがされた跡をみるにつけても、天皇のことが思い出されるという長子なのです。この一首からも、堀河天皇は笛の稽古に打ち込んだことが判ります。

横笛《おうてき》（『信西古楽図』国立国会図書館蔵）

清涼殿

天皇常在の建物。賀茂臨時祭の還立の御神楽は、清涼殿の前庭にて行われた。また堀河天皇の時代には、しばしば殿上の御神楽が催されている。(著者撮影)

『禁秘鈔』の「芸能」

現代の感覚では、天皇が楽器の習得に熱心だった理由は理解しづらいかもしれません。実は、当時の天皇は、音楽の実技に通じていなければならなかったのです。

鎌倉初期の順徳天皇に『禁秘鈔《きんぴしょう》』という有職故実書《ゆうそくこじつしょ》があります。順徳天皇というと、父の後鳥羽院とともに承久《じょうきゅう》の乱を起こし、佐渡に配流された人物として知られます。『禁秘鈔』は、その順徳天皇が在位中にまとめた書物で、天皇自身が記したということもあり、宮中のさまざまなしきたりを知ることのできる大変貴重な資料となっています。その『禁秘鈔』の中に「諸芸能事《しょげいのうのこと》」という項目が立てられています。この項目では、歴代の天皇が、どのような芸能を習得してきたのか、これによって後代の天皇はどのような芸能を習得すべきかが論じられています。

「諸芸能事」を読むと、まず「第一御学問也《だいいちおんがくもんなり》」とあります。『禁秘鈔』では「芸能」といったときに、最初にあげるべきは「学問」だというのです。私たちの感覚では、芸能に学問が含まれるといわれると、ちょっと違和感があるかもしれません。ここでいわれる学問とは、漢詩文や仏典に関する学のことを指します。古代の日本は大陸渡来の知識に多くを学びましたので、学問が為政者に必要な知識であることは理解できるでしょう。実は、それは「芸能」に含まれていたのです。

注目したいのは、次の「第二管絃《だいにかんげん》」です。この項目には歴代の天皇が、音楽の実技にどのように関わってきたのかがまとめて示されます。なぜ歴代の事績を列挙するのかというと、当時の貴族たちが先例を非常に重視したからです。特に過去の天皇が優れていたり、その治世が素晴らしい（と伝えられた）時代であったりした場合、後代の天皇はその天皇を模範とするようになります。過去に楽器を演奏する天皇がいると、その次の天皇からは、前の天皇が演奏した楽器も習得すべき対象となりました。どの楽器を、どのように演奏するのかは、すべて先例によって定められたのです。

平安時代の天皇と楽器

『禁秘鈔』によると、十世紀前半の醍醐天皇・村上天皇のころから、天皇が楽器を演奏するようになったとあります。このころの天皇は、和琴《わごん》・箏《そう》・琵琶《びわ》に通じていたようでした。さらに十世紀末の円融天皇・一条天皇から、特に笛を吹くようになります。Ⅳに紹介した『枕草子』や『紫式部日記』は、ちょうど一条天皇の時代ですので、清少納言や紫式部が仕えた宮廷では、日頃から笛を吹く天皇の姿がみられたに違いありません。さらに後三条天皇からは、笙《しょう》を吹いたといいます。

『禁秘鈔』「諸芸能事」では、学問と管絃のあげられた次になって、ようやく「和歌」が登場します。貴族社会を想像するとき、和歌がとても重視されたように思われるかもしれません。しかし『禁秘鈔』をみると、学問は当然のこととして、音楽の地位が非常に高かったことが判ります。王朝びとにとって芸能とは、現代のように歌舞音曲のみをいうのではなく、一人前のおとなが身につけるべき教養や技能全般を指したのでした。当時の天皇にとって、音楽は帝王学の一つでもあったのです。

学問・管絃・和歌などからなる芸能は、天皇だけに求められた技能ではなく、もちろん男性貴族にとっても必須とされました。そのため貴族は、みな幼いころから芸能の教育を受けました。また音楽を得意とする貴族は、天皇と一緒に音楽を演奏したり、天皇に楽器を教えたりする機会を得て、天皇に近づくことが期待できました。勅撰和歌集である『金《きん》葉和歌集《ようわかしゅう》』撰者の源俊頼《としより》は、先に篳篥《ひちりき》の名手として堀河天皇に認められるところとなり、のちに和歌でもその才能を発揮して、歌壇の中心的存在となったことで知られます。

堀河天皇の中宮　篤子内親王

『禁秘鈔』「諸芸能事」によると、堀河天皇は笛と歌謡に優れていたと記されています。

前代の天皇も演奏した笛はともかく、歌謡については、平安時代のそれまでの天皇が、人前で歌ったという例は確認されません。なぜこれほどまでに堀河天皇は積極的に音楽と歌謡に関わろうとしたのでしょうか。堀河天皇の場合は、自身が天性の才能を有していたといわれますが、その才能を発揮するには、しかるべき教育を受ける必要もあるはずです。

堀河天皇と音楽、および和歌については、中宮《ちゅうぐう》の篤子《とくし》内親王の存在が大きかったと指摘されています。そもそも篤子内親王は、堀河天皇の父である白河院の同母妹でした。父の後三条天皇の代に賀茂斎院《かもさいいん》を命じられ、寛治《かんじ》五年（一〇九一）に甥の堀河天皇の中宮に立ちました。夫の天皇とは、十九歳の年齢差があったことから、実際は妻というよりも母のような立場から、天皇の教育を支えたと考えられています。篤子内親王は、入内《じゅだい》の翌年から帝王学である音楽と和歌の会を設け、天皇に対する情操教育を始めました。その後も中宮主導の下に和歌と管絃の催しが重ねられ、天皇の素養は磨かれていきました。このような中宮の教育により、堀河天皇が笛の名手となる基礎も固められていったのです。

堀河天皇の時代は、宮廷音楽の盛んな時期でもありました。殿上人にも地下《じげ》人にも、音楽史に残るような名手が多く、年中行事や饗宴では水準の高い音楽が演奏されたのです。

そのような恵まれた環境にあった天皇は、次第に宮廷の御神楽に強い関心を示すようになります。すでに述べてきたように、御神楽は天皇と深い関わりのある行事でした。ただし歴代の天皇は、内侍所《ないしどころ》御神楽などに臨席することはあるものの、自身が奏楽に参加することはありませんでした。しかし堀河天皇は、それまでの先例を破って奏楽に積極的に参加していくことになります。

神楽歌を歌う堀河天皇

承徳《じょうとく》二年（一〇九八）十二月二日、内侍所御神楽では、近衛舎人《このえとねり》の多資忠《おおのすけただ》・節方《ときかた》父子が神楽歌の拍子《ひょうし》をとりました。この日、臨席した二十歳の堀河天皇は、簾中にあって笛を奏していいます（『中右記《ちゅうゆうき》』同日条）。音楽的才能に恵まれた天皇であっても、耳で聴いただけで、すぐに楽器が演奏できるようになるわけではありません。楽器の習得のためには、確かな師を持って稽古を重ねる必要があります。天皇は御神楽の笛の稽古を積んだ上で、この日の内侍所御神楽に臨んだのは間違いありません。

この内侍所御神楽の約半月前、殿上において御神楽が催されました。この御神楽は、恒例行事ではなく、堀河天皇の私的な饗宴として行われたものと考えられます。内裏には音楽を得意とする殿上人が招集され、御神楽と御遊が行われました。この殿上御神楽では、堀河天皇が拍子をとり、みずから神楽歌を歌いました（『中右記』承徳二年十一月十五日条）。天皇が拍子をとったと記されていますから、付歌《つけうた》の一人として脇から声を添える程度ではなく、歌い手として場の中心にあったことがうかがえます。私的な饗宴とはいえ、堀河天皇の神楽歌は、それまでの常識を破るような挑戦的な行動であったといえるでしょう。

さらに数年後の康和《こうわ》五年（一一〇三）十二月十二日には、黒戸御所《くろどのごしょ》において遊興があり、神楽を初めとして朗詠《ろうえい》・今様《いまよう》などの様々な声技《こえわざ》が行われました（『中右記』同日条）。ここにみられる御神楽は、神事歌謡というよりも、むしろ朗詠や今様とともに饗宴の歌謡として歌われたといえそうです。いろいろなジャンルの歌謡が歌われたところをみると、神楽も次第に従った内容ではなく、自由な雰囲気の中で曲目が選ばれたと想像されます。この日、天皇自身が声を出して歌ったかどうかまでは記されていませんが、場の自由な雰囲気を踏まえると、その可能性は否定しがたいでしょう。

御神楽の拍子を学ぶ

このように堀河天皇は、音楽を帝王学の一つとして熱心に習得しようとしました。その成果は側近の貴族との饗宴で披露しています。天皇がもっとも得意とした笛は、源政長《まさなが》に学びました。

神楽歌の拍子も師について習得したものでした。承徳元年（一〇九七）十二月二十七日、十九歳の堀河天皇は弓場殿《ゆばどの》（天皇が射技《しゃぎ》をみるために設けられた御殿）に多資忠《おおのすけただ》を呼び出して神楽歌を学んでいます（『中右記』同日条）。多資忠は、御神楽の拍子の名手として知られていました。右近将監《うこんしょうげん》（右近衛府の判官《じょう》）であった資忠は、それまでの常識では天皇の師になることは考えられません。しかし堀河天皇は、身分の差は問題とせず、その道の熟達者から御神楽を習得することを求めました。

なぜこの時期に神楽歌を学んだのか、具体的にどのようなことを習得したのかなど、具体的な内容は日記に記されていません。ただ、平安時代の天皇には歌謡を習得するような例がなかったことを踏まえると、堀河天皇自身の強い希望によって実現したことは間違いないでしょう。古記録から確認されるのはこの一回だけですが、音楽的才能に恵まれた天皇であっても、一度の稽古ですべてを習得することはできません。おそらくこの日以外にも、堀河天皇は資忠から神楽歌の拍子を学んでいたのではないでしょうか。

神楽歌の断絶の危機

堀河天皇に神楽歌の拍子を教えた多氏《おおのし》については、本書でもたびたび取り上げているところです。資忠は、神楽歌の拍子の家を確立した節資《ときすけ》の子で、藤原宗忠に末拍子《すえびょうし》を教えた近方《ちかかた》の父に当たります。堀河天皇の時代には、舞楽の右方《うほう》舞人として、あるいは御神楽の拍子の名手として高く評価されていました。

ところが康和《こうわ》二年（一一〇〇）六月、この資忠および嫡子の節方《ときかた》が、山村吉貞《よしさだ》・政連《まさつら》父子に殺害されるという事件が発生します（『殿暦《でんりやく》』同年六月十五日条）。この事件の原因は、資忠が山村氏に対し秘曲伝授を拒否したためともいわれています。秘曲とは、特別に秘せられた曲のことをいい、多くは恒例の儀礼では奏されず、特別な機会に限って奏されました。一つの家で伝えられる場合は、ほかの家に漏れないように厳重に伝承されました。御神楽の拍子の家としての地位を固めた多氏にとっては、一族の財産ともいうべき秘曲を、他家に教えるわけにはいかなかったのでしょう。

音楽説話にみられる神楽歌伝授

断絶の危機を迎えた多氏の神楽歌は、その後どうなったのでしょうか。現存の古記録には記事がみられないものの、中世の説話集には次のような話が残されています。

神楽歌「弓立《ゆだち》」・「宮人《みやびと》」は、多資忠以外に知る者がいなかった。ただし資忠は、恐れ多くも堀河天皇に伝授申し上げた。内侍所御神楽のとき、本拍子に源家俊《いえとし》、末拍子に多近方が奉仕することになったので、天皇は簾中にいらっしゃって、みずから拍子をとってこの歌を近方にお教えなさった。本当にめったにない素晴らしいことで、前代未聞である。芸能は、父から習い伝えるのが普通である。身分の低い孤児で、このような名誉を保ったことや、神楽歌の相伝の途絶えなかったことに、世の人々は感涙を流したのであった。

（『続古事談《ぞくこじだん》』一五三話　現代語訳）

神楽歌については、多氏は「宮人」・「弓立」という二曲を伝えていました。一子相伝の曲で、嫡男以外は実子であっても教えられることがなかったようです。しかし多氏の嫡流が断絶したことにより、この「宮人」・「弓立」についても、断絶の危機を迎えます。『続古事談』を初めとする中世の音楽説話や楽書（音楽に関する書物）は、このとき堀河天皇が、資忠の遺児である近方に対して、みずから神楽歌を教えることによって相伝を守ったと伝えています。

堀河天皇は資忠から神楽歌を習ったことは、歴史的事実として確認できます。しかし天皇が神楽歌を伝授するようなことがあったのか、その点は古記録には全く記されていません。堀河天皇が多近方に神楽歌を教えたというのはただの言い伝えに過ぎない、後世の多氏が自分の伝える神楽歌の権威化を図って、このような説を主張したのだろう、という見方もできます。

堀河天皇と神楽歌「宮人」

そもそも堀河天皇は、神楽歌の「宮人」を歌うことができたのでしょうか。いったん説話から離れて、勅撰和歌集の一首に注目したいと思います。藤原定家撰『新勅撰《しんちょくせん》和歌集』には、次のような和歌が収められています。

堀河院御時、宮出《い》でさせ給へりけるころ、上《うへ》の男子《をのこ》どもまゐりて、わざとならぬ物《もの》の音《ね》など聞《きこ》え侍《はべり》けるに、内の御遊《あそ》びに宮人歌《みやびとうた》はせ給ひけるを思ひ出でてよみ侍りける

二条太皇太后宮大弐《にじょうたいこうたいごうぐうのだいに》

ゆふしでや神の宮人たまさかにもりいでし夜半《よは》は猶ぞこひしき

（『新勅撰和歌集』巻九　五四六番歌）

解釈に入る前に、和歌の作者について紹介しておきます。二条太皇太后宮大弐は、藤原宗子といい、令子《れいし》内親王に仕えた女房の一人でした。令子内親王は堀河天皇の賀茂斎院で、天皇の同母姉でもありました。

この和歌は「神の「宮人」が珍しくもほのかに漏れ聞こえたあの夜更けのことは、やはり恋しく思われることであるよ」という内容ですが、注目したいのは詞書の方です。現代語訳すると「堀河天皇の時代、宮（令子内親王）が（宮中より里邸に）退出されていたころ、

殿上人たちが（この宮のところに）参上して、ことあらたまらぬ管絃の演奏などをいたしました時に、宮中の御遊に「宮人」をお歌いになったのを思い出して詠みました歌」となります。この詞書の中で、特に注目されるのが「内の御遊びに宮人歌はせ給ひける」の箇所です。「内の御遊び」とは、天皇も出御しての管絃の遊興を示します。堀河天皇の時代に、天皇の出御する遊興において、神楽歌「宮人」が歌われたというのです。ただし『新勅撰和歌集』の詞書には「宮人」を歌った人物が書かれていません。いったい誰が「宮人」を歌ったのでしょうか。

ここで「歌はせ給ひける」という箇所に注目すると、最高敬語（二重尊敬）であることに気づきます。最高敬語の使われる対象は、天皇と皇族、あるいは摂政・関白などにほぼ限られることから、この場合は堀河天皇か令子内親王の二人のどちらかということになります。

もっとも当時の常識からみると、高貴な女性が人々の集う場において大っぴらに歌謡を歌ったとは考えられませんので、令子内親王は候補から外れます。もう一方の堀河天皇は、すでにみたように神楽歌を歌った事実が確認されています。この場においても、天皇の行為とみるのが適当ではないでしょうか。すなわち堀河天皇は「宮人」を実際に歌うことができたのです。

堀河天皇が「宮人」を歌ったことが確認されたことにより、多近方に「宮人」を伝授した可能性も極めて高くなったといえます。やはり『続古事談』の説話についても、信憑性が高いと考えてよさそうです。

天皇が近方に神楽歌を伝授したことにより、多氏の神楽歌の拍子の断絶は、辛うじて回避されました。さらに結果として、多氏の伝える神楽歌は、天皇から相伝された芸能として、特に権威を持つようになりました。御神楽の拍子の家としての多氏の地位は、堀河天皇の伝授によって完全に確立したのです。

後白河院と今様

堀河天皇崩御の二十年後、大治《だいじ》二年（一一二七）九月十一日に鳥羽天皇の第四皇子として雅仁《まさひと》親王、のちの後白河院が誕生しました。後白河院というと、源平争乱の混乱期に長期に渡って院政を敷いた、政治史的にも極めて重要な人物です。

この後白河院は、今様《いまよう》を集成した『梁塵秘抄《りょうじんひしょう》』の編者としても知られます。今様とは、現代風・当世風という意味で、平安後期を中心に流行した歌謡でした。都だけではなく、地方でも今様は流行し歌われました。

後白河院は生涯にわたって今様を愛好し、みずから『梁塵秘抄』を編纂しました。さらに、その今様遍歴は、院自身が『梁塵秘抄口伝集巻十《りょうじんひしょうくでんしゅうまきじゅう》』に詳細に書き残しています。

昔《そのかみ》十余歳の時より今にいたるまで、今様を好みて怠ることなし。

（私はその昔十余歳のころから今日にいたるまで、今様を愛唱して怠ることがなかった）

（『梁塵秘抄口伝集巻十』現代語訳）

即位前の雅仁親王は、鳥羽院の皇子という立場にあったものの、弟の近衛《このえ》天皇の即位に

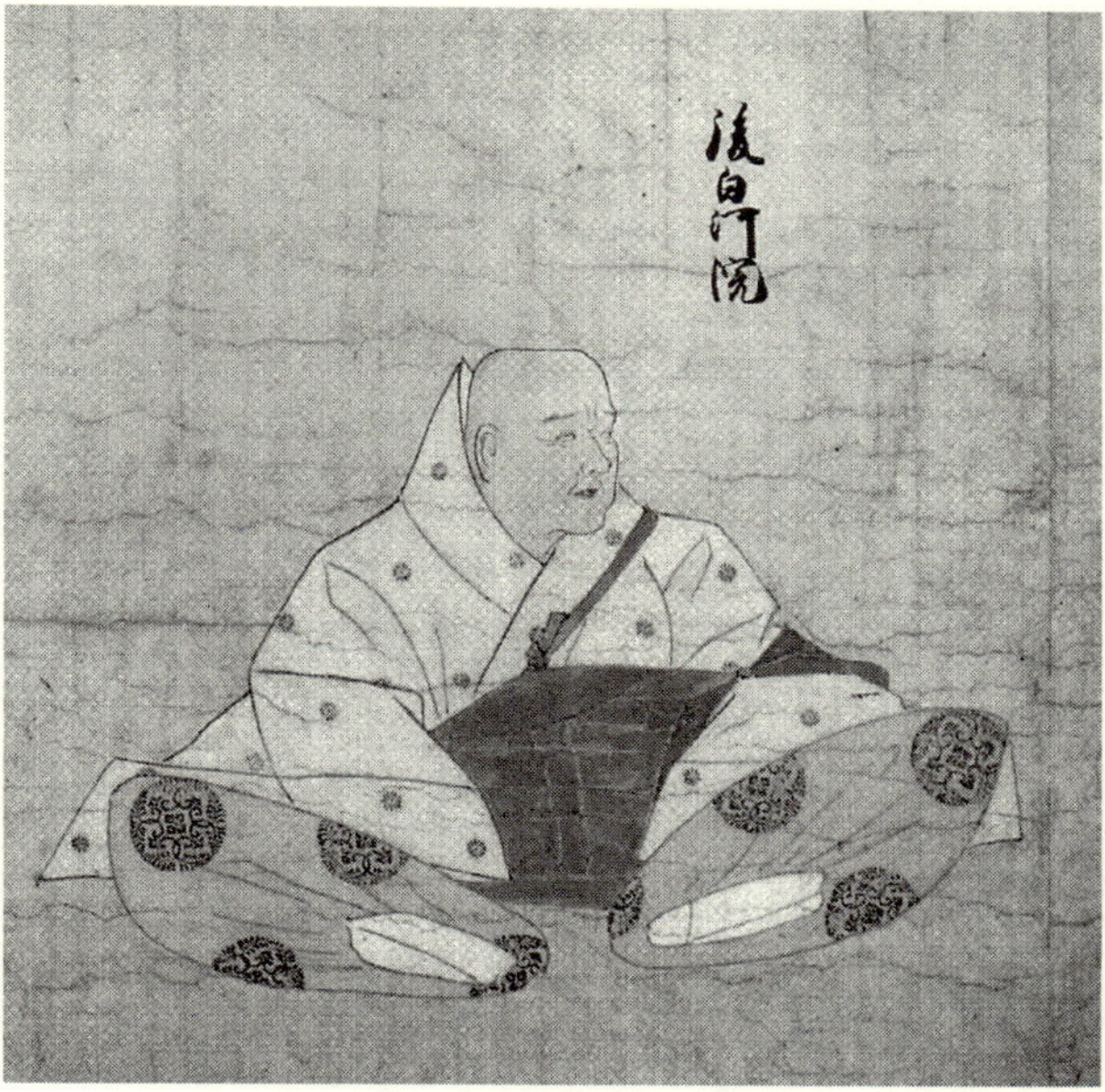

後白河院（『天子摂関御影』三の丸尚蔵館蔵）

生涯にわたって今様を愛好した後白河院は、みずから『梁塵秘抄』をまとめた。さらに自身の今様遍歴を『梁塵秘抄口伝集』に書き残している。同書の中で院は「声わざの悲しきことは、わが身亡《かく》れぬるのち、留まることの無きなり。（声の芸能の悲しいところは、自分が死んだあとに、何も残らないことである）」と述べている。

よって、皇位継承の可能性がほとんど絶たれた状況にありました。生母で鳥羽院の中宮であった待賢門院《たいけんもんいん》藤原璋子《たまこ》の許で暮らしていた親王は、元服後の十数歳から今様に親しむようになります。この待賢門院の許には、今様を専業とする傀儡女《くぐつめ》や遊女《あそび》、今様の名手として知られた源資賢《すけかた》や藤原季兼《すえかね》らが訪れていました。雅仁親王は、彼らの今様を近くで聞くようになります。そのような生活環境で育った親王が今様を愛好したのは、自然な流れであったといえるでしょう。やがて人々と一緒にいるときでも、独りでいるときでも、今様を歌って止まない生活を送るようになりました。

ところが弟の近衛天皇の崩御により、雅仁親王の人生は一変します。院政を敷く父の鳥羽院の意向によって即位すると、保元《ほうげん》元年（一一五六）七月十日に保元の乱が勃発。さすがにその時期ばかりは、今様を控えざるをえませんでしたが、その翌年には今様の名手である乙前《おとまえ》という女性を呼び出して、今様の活動を再開させました。以後、長きにわたって後白河院は、今様を歌い続けていくことになります。

堀河天皇と後白河院

このように生涯を今様とともに暮らした後白河院は、堀河天皇の孫でした。堀河天皇崩御の二十年後に誕生した院は、もちろん祖父から直接影響を受けることはありませんでした。しかし曾祖父の白河院は、後白河院誕生の翌々年まで存命であり、堀河朝の気分も充分に残っていたはずです。若き後白河院の周辺には、御神楽を愛好し、みずから拍子をとって神楽歌を歌った堀河天皇の姿を記憶する人も少なくなかったと思われます。事実、堀河天皇から神楽歌を伝授した多近方は、当時の宮廷芸能の中心的存在として活躍していました（仁平《にんぺい》二年（一一五二）五月四日に死去）。若き日の院が存分に今様に親しむことのできた背景には、皇位継承の望みの薄い気安さはもちろんですが、さらに祖父の堀河天皇の残した影響も無視しがたいのではないでしょうか。

また、後白河院は、今様の修行のために、乙前を初めとする下層の芸能者を傍に置いています。それまでの貴族社会では交わることのない貴賤に交流が生じたのも、やはり祖父の堀河天皇の影響を認めることができるように思われます。堀河天皇も、自身の芸能の上達のためには、身分の差は問題としませんでした。さらに神楽歌の相伝のためとして、近衛舎人の遺児である近方に神楽歌を伝授した可能性が高いことは本章で述べた通りです。芸能を介した貴賤の交流は、中世という時代にますます加速していくことになります。院政初期の堀河天皇の芸能に対する姿勢には、すでに中世芸能の在り方が見出だされるように思われます。

後白河院だけに注目した場合、なぜ時の最高権力者が流行歌謡を愛唱したのか、なぜ下層の芸能者と交流することを求めたのか、正確に把握することは困難です。院の強い個性に基づく部分も多いと思われる一方で、当時の宮廷の芸能に対する意識や先例とも関連づけて考える必要もあるはずです。みずから拍子をとって神楽歌を歌った堀河天皇を祖父に持つ後白河院は、祖父が芸能史に残したところから新たに歩み始めたと考えるべきでしょう。もちろん、神楽歌と今様という違いは小さくありません。しかし後白河院が歌謡を愛唱できる土壌は、すでに堀河天皇の時代に築かれていたのでした。

主な参考文献

Ⅰ　天皇即位の儀礼

『国史大辞典』吉川弘文館、昭和五十四年〜平成九年
新編日本古典文学全集『和泉式部日記　紫式部日記　更級日記　讃岐典侍日記』小学館、平成六年
大日本古記録『中右記』岩波書店、平成五年〜
新日本古典文学大系『古事談　続古事談』岩波書店、平成十七年
林屋辰三郎『中世藝能史の研究』岩波書店、昭和三十五年
福島和夫『日本音楽史叢』和泉書院、平成十九年
飯島一彦『古代歌謡の終焉と変容』おうふう、平成十九年
中本真人『宮廷御神楽芸能史』新典社、平成二十五年

Ⅱ　御神楽と神楽歌

神道大系『江家次第』神道大系編纂会、平成三年
新編日本古典文学全集『神楽歌　催馬楽　梁塵秘抄　閑吟集』小学館、平成十二年
日本古典文学大系『古代歌謡集』岩波書店、昭和三十二年
新編日本古典文学全集『枕草子』小学館、平成九年
新編日本古典文学全集『古事記』小学館、平成九年
藝能史研究会編『日本の古典芸能　第一巻　神楽』平凡社、昭和四十四年
荻美津夫『日本古代音楽史論』吉川弘文館、昭和五十二年
松前健『松前健著作集　第四巻　神と芸能』おうふう、平成十年
荻美津夫『古代中世音楽史の研究』吉川弘文館、平成十九年

Ⅲ　年中行事の中の御神楽

多田一臣『万葉歌の表現』明治書院、平成三年
増補史料大成『歴代宸記』臨川書店、昭和四十年
史料纂集『吏部王記』続群書類従完成会、昭和四十九年
山中裕『平安朝の年中行事』塙書房、昭和四十七年
岡田荘司『平安時代の国家と祭祀』続群書類従完成会、平成六年
三橋正『平安時代の信仰と宗教儀礼』続群書類従完成会、平成十二年

Ⅳ　御神楽をめぐる人々

大日本古記録『小右記』岩波書店、昭和三十四年
大日本古記録『御堂関白記』岩波書店、昭和二十七年〜二十九年
増補史料大成『権記』臨川書店、昭和四十年
本田安次『本田安次著作集　日本の傳統藝能　第一巻　神楽Ⅰ』錦正社、平成五年

V　堀河天皇と御神楽

『禁秘鈔』（『群書類従』第二十六輯所収）続群書類従完成会、昭和三十五年
大日本古記録『殿暦』岩波書店、昭和三十五年〜四十五年
和歌文学大系『新勅撰和歌集』明治書院、平成十七年
荻美津夫『平安朝音楽制度史』吉川弘文館、平成六年
岩佐美代子『内親王ものがたり』岩波書店、平成十五年
沖本幸子『乱舞の中世　白拍子・乱拍子・猿楽』吉川弘文館、平成二十八年

引用したテキストは、読みやすいように表記を改めた箇所があります。また現代語訳は、筆者によるものです。

おわりに

本書を書くきっかけは、私の担当する芸能論ゼミでの学生からの相談でした。

中国から来日したGさんが、大学院の留学生として私のゼミに参加することになり、その初回に「神楽のよい入門書はありませんか」と質問してきました。宮廷の御神楽は、私の専門分野ですが、実はよい入門書がない（と個人的に感じています）。これまでも、同じような質問は日本人の学生から受けて来ましたが、そのたびに「あまりよい入門書は浮かばないなあ」と応えながら、学生の研究テーマに合うような参考文献を示してきました。しかし中国から来た留学生が、せっかく日本の神楽に関心を持ってくれたのに、それにすぐに応じることができないというのは、その分野の研究者として少し申し訳ない気持ちになりました。そして、Gさんが帰国するときに持たせてあげられるような入門書を出したいと考えたのでした。

最近、神楽に興味を持つ一般の方が増えてきていると聞きます。とても喜ばしいことだと感じる一方で、神楽に関する学術的知見が充分に広まっていないことに不安を覚えます。ほかの古典芸能などにもいえることですが、何の知識もない状態で神楽を観ても、なかなか面白さは理解できません。なぜこのような芸能が行われているのかということは、歴史的背景を具体的に理解することから始まるのではないでしょうか。ところが、この分野においては、歴史的事実に重きを置かない解説文、あるいは現在は否定されている古い説に依拠した入門書が珍しくないように思われます。

本書は、宮廷の御神楽を中心として、王朝びとの芸能を紹介したものです。先行説に多くを学びつつ、最新の研究成果を盛り込むことも心がけています。特に平安時代の貴族たちがまとめた記録や文学作品に基づくことにより、宮廷の御神楽の実際の姿を具体的に描こうとしました。当時の文献からみえてくる御神楽の姿は、多種多様だと感じられたかもしれません。本書は、そのごく一部を紹介したに過ぎません。私自身も、その多様な性格をさらに掘り起こす必要を感じているところです。

本書は、新潟大学における授業をもとにしています。講義やゼミ、あるいはフィールドワークで、私に付き合って宮廷の御神楽を一緒に勉強してくれた学生諸君に感謝します。さらに構想段階から興味を持っていただきながら、なかなか稿の仕上がらない私を辛抱強く待ってくださった新典社の田代幸子様にもお礼申し上げます。

なお、本書は「科学研究費助成事業（若手研究(B)）」による研究成果の一部です。

平成二十八年三月十八日

中本　真人

中本 真人（なかもと まさと）
1981年　奈良県北葛城郡新庄町（現・葛城市）生まれ
2005年　慶應義塾大学文学部人文社会学科国文学専攻卒業
2012年　慶應義塾大学大学院文学研究科国文学専攻博士課程修了
学位：博士（文学・慶應義塾大学）
現職：新潟大学人文学部准教授
主著：『宮廷御神楽芸能史』（新典社、2013年）にて、第31回日本歌謡学会志田延義賞、第9回新潟大学人文科学奨励賞阿部賞受賞

新典社新書 68
宮廷の御神楽
王朝びとの芸能

2016年7月27日　初版発行

著者 ――― 中本真人
発行者 ―― 岡元学実
発行所 ―― 株式会社 新典社
〒101-0051　東京都千代田区神田神保町1-44-11
編集部：03-3233-8052　営業部：03-3233-8051
ＦＡＸ：03-3233-8053　振　替：00170-0-26932
http://www.shintensha.co.jp/　E-Mail:info@shintensha.co.jp

印刷所 ――― 惠友印刷 株式会社
製本所 ――― 牧製本印刷 株式会社

ISBN 978-4-7879-6168-6 C0273

◆新典社新書◆

⑯平家物語の死生学　上巻　佐伯雅子
⑰平家物語の死生学　下巻　佐伯雅子
⑱芭蕉——俳聖の実像を探る　田中善信
⑲光源氏とティータイム　岩坪　健
⑳ことば遊びへの招待　小野恭靖
㉑武器で読む八犬伝　吉丸雄哉
㉒神の香り秘法の書——中国の摩崖石経・上——　北島信一
㉓都市空間の文学——藤原明衡と菅原孝標女——　深沢　徹
㉔百人一首かるたの世界　吉海直人
㉕これならわかる返り点——入門から応用まで——　古田島洋介
㉖東アジアの文芸共和国——通信使・北学派・蒹葭堂——　高橋博巳
㉗歌垣——恋歌の奇祭をたずねて　辰巳正明
㉘紫式部日記の世界へ　小谷野純一
㉙芝居にみる江戸のくらし　吉田弥生
㉚我を絵に看る——芭蕉の甲斐行——　楠元六男
㉛源氏物語　二つのゆかり——継承の主題と変化——　熊谷義隆
㉜御家騒動の物語——中世から近世へ——　石黒吉次郎
㉝礼法を伝えた男たち　綿抜豊昭
㉞文豪だって漢詩をよんだ　森岡ゆかり

㉟清少納言〝受難〟の近代——「新しい女」の季節に遭遇して——　宮崎莊平
㊱男はつらいよ　推敲の謎　杉下元明
㊲古事記の仕組み——王権神話の文芸——　志水義夫
㊳千と千尋の神話学　西條　勉
㊴『宇治拾遺物語』の中の昔話　廣田　收
㊵跳んだ『源氏物語』——死と哀悼の表現——　天野紀代子
㊶和歌を力に生きる——道綱母と蜻蛉日記——　堤　和博
㊷「危機の時代」の沖縄——現代を写す鑑、十七世紀の琉球——　伊藤陽寿
㊸神の香り秘法の書——中国の摩崖石経・下——　北島信一
㊹智恵子抄の光景　大島裕子
㊺昔男の青春——『伊勢物語』初段～16段の読み方——　妹尾好信
㊻涙の美学——日本の古典と文化への架橋——　榎本正純
㊼琉球の恋歌——「恩納なべ」と「よしや思鶴」——　福　寛美
㊽初代都太夫一中の浄瑠璃——音曲に生きた元住職——　小俣喜久雄
㊾万葉集を訓んだ人々——「万葉文化学」のこころみ——　城﨑陽子
㊿源氏物語　姫君のふるまい　太田敦子

51 アニメに息づく日本古典——古典は生きている——　山田利博
52 紫式部・定家を動かした物語——謙徳公の書いた豊蔭物語——　堤　和博
53 ことばと文字の遊園地　小野恭靖
54 女神たちの中世神話　濱中　修
55 向田邦子の比喩トランプ　半沢幹一
56 夜の海、永劫の海　福　寛美
57 ウラ日本文学——古典文学の舞台裏——　岩坪　健
58 コロポックルとはだれか——中世の千島列島とアイヌ伝説　瀬川拓郎
59 万葉集からみる「世界」　井上さやか
60 つける　連歌作法閑談　鈴木　元
61 アイヌの沈黙交易——奇習をめぐる北東アジアと日本——　瀬川拓郎
62 少年少女のクロニクル——セラムン、テツジン、ウルトラマン——　志水義夫
63 萬葉の散歩みち　続　廣岡義隆
64 文豪たちの「?」な言葉　馬上駿兵
65 ぐすく造営のおもろ——立ち上がる琉球世界——　福　寛美
66 向田邦子の思い込みトランプ　半沢幹一
67 知ったか源氏物語　山田利博
68 宮廷の御神楽——王朝びとの芸能——　中本真人